乡村振兴战略下

乡村旅游高质量发展的理论与实践研究

李 莉／著

吉林出版集团股份有限公司
全国百佳图书出版单位

图书在版编目（CIP）数据

乡村振兴战略下乡村旅游高质量发展的理论与实践研
究 / 李莉著 . -- 长春 : 吉林出版集团股份有限公司，
2022.10

ISBN 978-7-5731-2204-9

Ⅰ . ①乡… Ⅱ . ①李… Ⅲ . ①乡村旅游—旅游业发展
—研究—中国 Ⅳ . ① F592.3

中国版本图书馆 CIP 数据核字（2022）第 169762 号

乡村振兴战略下乡村旅游高质量发展的理论与实践研究

XIANGCUN ZHENXING ZHANLÜE XIA XIANGCUN LÜEYOU GAOZHILIANG FAZHAN DE LILUN YU SHIJIAN YANJIU

著　者：李　莉
责任编辑：矫黎晗
装帧设计：马静静
出　版：吉林出版集团股份有限公司
发　行：吉林出版集团青少年书刊发行有限公司
地　址：吉林省长春市福祉大路 5788 号
邮政编码：130118
电　话：0431-81629808
印　刷：北京亚吉飞数码科技有限公司
版　次：2024 年 3 月第 1 版
印　次：2024 年 3 月第 1 次印刷
开　本：710mm×1000mm　1/16
印　张：10.75
字　数：170 千字
书　号：ISBN 978-7-5731-2204-9
定　价：86.00 元

前　言

　　乡村振兴战略是党的十九大提出的一项重大战略。全面建成小康社会和全面建成社会主义现代化强国,最艰巨最繁重的任务在农村,最广泛最深厚的基础在农村,最大的潜力和后劲也在农村。实施乡村振兴战略,是解决新时代我国社会主要矛盾、实现"两个一百年"奋斗目标和中华民族伟大复兴中国梦的必然要求,具有重大现实意义和深远历史意义。在我国乡村建设的进程中,乡村旅游发挥了独特而巨大的作用,被证明是脱贫攻坚和乡村振兴的一条高效之路。然而,乡村旅游在快速发展的过程中,仍然存在产品缺乏特色、配套设施不全、专业人才匮乏、乡村环境破坏、利益分配不均等一系列问题,严重影响了乡村旅游的持续、健康发展,乡村旅游发展理念、发展模式亟需优化调整。在经济高质量发展的新时期,乡村旅游应从提高质量和效益的目标出发,走高质量发展道路。

　　乡村振兴战略实施和乡村旅游高质量发展有着高度的契合性。一方面乡村振兴是乡村旅游高质量发展的总体指挥棒,乡村旅游必须服务于乡村振兴"产业兴旺、生态宜居、乡风文明、治理有效、生活富裕"总要求;另一方面,乡村旅游高质量发展是乡村振兴的重要驱动力,在乡村产业振兴、人才振兴、文化振兴、生态振兴、组织振兴等方面均能发挥重要作用。因此,研究乡村振兴战略下的乡村旅游高质量发展议题,具有重大的理论价值与现实意义。

　　本书立足乡村振兴的战略背景,用六个章节探讨乡村旅游高质量的理论和实践问题。第一章为乡村振兴战略与乡村旅游高质量发展的理论认知,从理论层面系统阐述了乡村振兴战略和乡村旅游高质量发展的深刻内涵，以及二者的逻辑关系，并梳理了乡村旅游的研究文献；第二章为乡村旅游高质量发展的动力系统，包括资源供给力、需求拉动力、转型升级驱动力、政策配套扶持力四个方面，并阐述了它们之间的内在逻辑；第三章为乡村旅游高质量发展的模式，包括供给推动型、需求拉动型、环境推动型、混合驱动型四种发展模式，并从多个维度对四种模式进行了比较分析；第四章为乡村旅游高质量发展的保障体系，包括政策法规、人力资源、财政金融及信息技术保障；第五章为国外乡村旅游高质量发展的典型案例，首先梳理了国外乡村旅游的起源与发展历程，并剖析了法国、美国、日本三个国家乡村旅游的发展类型和成功经验；第六章为国内乡村旅游高质量发展的典型案例，在梳理国内乡村旅游起源与发展历程的基础上，分析了四川三圣花乡、云南阿者科村、浙江莫干山等地乡村旅游高质量发展的概况与成功经验。

本书由重庆第二师范学院李莉副教授撰写完成。重庆交通大学旅游管理专业研究生张春苗、周敏、凌晓苋，湖北大学旅游管理专业研究生曾晓庆，重庆师范大学职业技术教育（旅游服务）专业研究生张娟承担了本书部分内容的资料收集、整理与撰写工作，同时本书也参考了部分国内外学者的研究成果，在此一并表示感谢。本书得到了重庆市教委人文社科项目（22SKGH453）、重庆市技术预见与制度创新项目（CSTB2022TFII-OIX0081）、重庆市社会科学规划英才计划项目（2021YC046）、重庆市教委科学技术项目（KJQN202101625）、重庆第二师范学院科研平台（2021XJPT07）的联合资助。由于作者时间和水平有限，书中难免存在一些不足之处，敬请广大读者批评指正。

作　者
2022 年 6 月

目　录

第一章

乡村振兴战略与乡村旅游高质量发展的理论认知

中国是一个农业大国，"三农"问题一直是社会发展中的突出问题。民族要复兴，乡村必振兴。乡村振兴战略是党的十九大提出的一项重大战略，是关系全面建设社会主义现代化国家的全局性、历史性任务，是新时代"三农"工作总抓手。在我国实施乡村建设的进程中，乡村旅游发挥了独特而巨大的作用，被证明是乡村振兴的一条高效路径。乡村振兴战略实施和乡村旅游高质量发展有着高度的契合性。

第一节　乡村振兴战略

一、实施乡村振兴战略的背景和意义

（一）实施乡村振兴战略的背景

2017 年 10 月 18 日，习近平总书记在党的十九大报告提出要实施乡村振兴战略，并将其定位为决胜全面建成小康社会需要坚定实施的七大战略之一。十九大报告指出，农业农村农民问题是关系国计民生的根本性问题，必须始终把解决好"三农"问题作为全党工作的重中之重，实施乡村振兴战略。2018 年 1 月 2 日，中央一号文件《中共中央　国务院关于实施乡村振兴战略的意见》发布，正式向全党全国发出了实施乡村振兴战略的总动员令。2018 年 9 月，中共中央、国务院印发了《乡村振兴战略规划（2018—2022 年）》，并发出通知，要求各地区各部门结合实际认真贯彻落实。2021 年 2 月 25 日，国务院直属机构国家乡村振兴局正式挂牌。2021 年 4 月 29 日，中国第一部直接以"乡村振兴"命名的法律《中华人民共和国乡村振兴促进法》通过，于 2021 年 6 月 1 日起正式施行，让乡村振兴战略的实施有法可依。

乡村振兴战略的实施，主要基于历史和现实两个背景。

1. 历史背景："三农"建设取得巨大成效，政策效应发力明显

2004 年以来，中共中央、国务院连续十九年发布以"三农"为主题的中央一号文件，强调了"三农"问题在中国特色社会主义现代化时期极其重要的地位。党的十八大以来，党中央更是坚持把解决好"三农"

问题作为全党工作重中之重,持续加大强农惠农富农政策力度,积极推进农村产业结构的战略性调整,积极推进城镇化建设,加大对"三农"投入和服务,全面深化农村改革,中国"三农"工作取得了巨大成绩。党的十九大报告指出,农业现代化稳步推进,粮食生产能力达到 12000 亿斤,城镇化率年均提高 1.2 个百分点,8000 多万农业转移人口成为城镇居民。脱贫攻坚战取得决定性进展,6000 多万贫困人口稳定脱贫,贫困发生率从 10.2% 下降到 4% 以下。"三农"工作取得的巨大成绩,来源于以习近平同志为核心的党中央坚强领导,来源于党始终坚持把解决好"三农"问题作为全党工作的重中之重,来源于党中央国务院制定的一系列行之有效的三农政策。因此,在新的历史发展时期,要持续加大对"三农"建设的政策扶持,而乡村振兴战略就是新时代"三农"工作的总抓手、总部署。

2. 现状背景:目前主要矛盾发生变化,乡村问题仍然突出

党的十一届三中全会以后,我国社会的主要矛盾是人民日益增长的物质文化需要同落后的社会生产之间的矛盾。经历了 40 多年的改革开放,特别是党的十八大以来取得了巨大成就,党的十九大报告提出,中国特色社会主义进入新时代,我国社会主要矛盾已经转化为人民日益增长的美好生活需要和不平衡不充分的发展之间的矛盾。当前,我国发展中的最大不平衡是城乡不平衡,最大的不充分是农业农村发展的不充分,城乡发展不平衡、农村发展不充分仍是社会主要矛盾的集中体现。尽管我国的"三农"工作取得了显著的建设成效,但农业基础还不稳固,农业生产方式还不够现代化,农产品的销售渠道还不够畅通;农村基础设施和陈旧观念仍需进一步改进,留守老人和儿童较多,对中青年人的吸引力还有待提高,老龄化、空心化趋势越来越明显;城乡区域发展和居民收入差距仍然较大;脱贫地区防止返贫的任务还很重,需要加强巩固、拓展脱贫攻坚成果同乡村振兴有效衔接。因此,在我国全面建成社会主义现代化强国的进程中,必须持续关注乡村建设问题,全面推进乡村振兴战略。

(二)乡村振兴战略的重要意义

《乡村振兴战略规划(2018—2022 年)》中提到,全面建成小康社会和全面建成社会主义现代化强国,最艰巨最繁重的任务在农村,最广泛

最深厚的基础在农村,最大的潜力和后劲也在农村。实施乡村振兴战略,是解决新时代我国社会主要矛盾、实现"两个一百年"奋斗目标和中华民族伟大复兴中国梦的必然要求,具有重大现实意义和深远历史意义。实施乡村振兴战略是建设现代化经济体系的重要基础,是建设美丽中国的关键举措,是传承中华优秀传统文化的有效途径,是健全现代社会治理格局的固本之策,是实现全体人民共同富裕的必然选择[1]。

二、乡村振兴战略的总体要求

乡村振兴战略是社会主义新农村建设的深化和升级。从"农村"到"乡村",范围更大、内涵更深,是把"农业、农村、农民"都囊括其中。党的十九大报告提出了实施乡村振兴战略的总要求,即"产业兴旺、生态宜居、乡风文明、治理有效、生活富裕"。对比社会主义新农村建设提出的"生产发展、生活宽裕、乡风文明、村容整洁、管理民主",乡村振兴战略的二十字方针具有更宽范畴、更深内涵和更高要求。

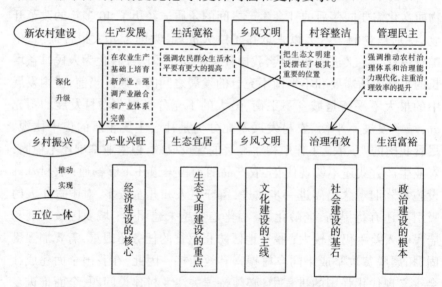

图1-1 乡村振兴战略的二十字总要求

从图1-1可以看出,乡村振兴战略提出的二十字总要求中,用"产业兴旺"替代了"生产发展",强调除了加强农业生产外,还应重点培育新产业、新业态,实现第一、二、三产业的有效融合和产业体系的完善创新；用"生态宜居"替代"村容整洁"，是把生态文明建设摆在了极其重要的位置，对生态环境提出了更高要求，不仅要求村容整洁，而且强调发展绿色经济、治理环境污染，把乡村建设成为宜居、宜业、宜游、生产、生活、生态一体的综合体；"乡风文明"四个字没有变化，体现乡村精神文明建设的一脉相承，强调乡村要传承文化，保持风土气息和淳朴民风；用"治理有效"替代"管理民主"，强调除了加强农民参与民主管理外，还应加强和创新农村社会治理，推动农村治理体系和治理能力现代化，注重治理效率的提升；用"生活富裕"替代"生活宽裕"，强调农民群众生活水平要有更大的提高，生活质量有更明显的改善。

"产业兴旺、生态宜居、乡风文明、治理有效、生活富裕"二十字总要求内容丰富、逻辑清晰，涉及经济建设、政治建设、文化建设、社会建设和生态文明建设，符合国家"五位一体"总体布局。其中，产业兴旺是经济建设的核心，生态宜居是生态文明建设的重点，乡风文明是文化建设的主线，治理有效是社会建设的基石，生活富裕是政治建设的根本。

第二节　乡村旅游高质量发展

一、"高质量发展"的提出背景和深刻内涵

（一）"高质量发展"提出的背景

"高质量发展"是在2017年党的十九大报告中首次提出的新表述。习近平总书记在党的十九大报告中指出，我国经济已由高速增长阶段转向高质量发展阶段。高质量发展的提出，是以习近平同志为核心的党中央针对我国新时期新阶段经济社会发展中的问题和国内外形势，对我国经济发展阶段性基本特征做出的重大判断。

新中国成立初期，面对当时一穷二白的国情，经济落后是我国发展面临的最大问题。中国共产党第十一届六中全会指出，在社会主义初级阶段，我国社会的主要矛盾是人民日益增长的物质文化需要同落后的社会生产之间的矛盾。因此，加大社会生产力度，大力发展经济，积极解决经济数量上的严重不足导致的国民基本生存问题是我国当时最紧迫

的任务,追求经济发展的数量和速度成为国家最关心的问题,还不具备质量意识。随着我国改革开放的不断推进,中国的经济发展取得了举世瞩目的成绩,长期困扰我国的一些严重社会经济问题开始得到缓解,国家面貌发生了深刻的变化,工作重心和关注焦点不仅仅在经济发展速度上,开始有了初步的质量意识。党的十三大报告中出现了"提高产品质量""提高教育质量""提高人口质量"等表述,开始有了国民经济要提高质量的思想萌芽。此后,从党的十四大报告到党的十九大报告,关于"质量"的思想内容不断丰富和发展[2]。直到2017年党的十九大报告中,党中央明确提出了经济高质量发展的系统表述。

在过去经济高速增长的过程中,我国重点解决了经济发展"有没有"的问题。在如今的高质量发展时代,中国经济更需要着力解决发展"好不好"的问题。高质量发展的提出,意味着传统的"唯GDP论"的经济发展观得到了根本性扭转,经济发展所导致的如自然资源浪费、经济效率不高、生态环境破坏等问题得到了战略性重视。高质量发展,必将成为我国未来相当长的时期内经济社会发展的努力方向和评价标准。

(二)高质量发展的深刻内涵

高质量发展,要坚定不移贯彻新发展理念,推动质量变革、效率变革、动力变革,把质量第一、效益优先作为衡量标准,着力建设现代化经济体系,使发展成果更好惠及全体人民,不断满足人民日益增长的美好生活需要。

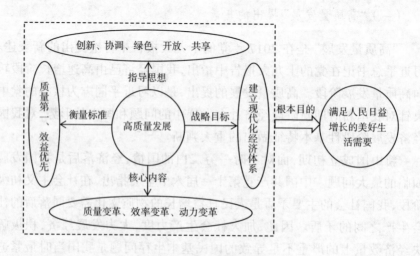

图1-2 高质量发展的深刻内涵

二、乡村旅游高质量发展的背景和内涵

（一）乡村旅游高质量发展的背景

乡村旅游是以乡村自然风光、人文环境为吸引物，满足城市居民的休闲需求[3]。中国是一个农业大国，具有广袤的乡村地域以及丰富的乡村自然资源和农耕文化，具备发展乡村旅游得天独厚的优势。近年来，我国的乡村旅游处于快速发展阶段，参与乡村旅游的人数持续增加，旅游收入也随之不断增长，乡村旅游已逐步成为我国旅游行业的重要组成部分。据有关数据显示：2019年，我国乡村休闲旅游接待游客33亿人次①，占国内游客总人数的一半以上②。2020年全国大规模爆发新冠肺炎疫情后，旅游业受到了重创。在疫情防控常态化背景下，回归乡土、崇尚自然、健康养生的乡村旅游成为旅游产业率先复苏的市场，多地政府明确提出要把乡村旅游打造成后疫情时代文旅复苏的排头兵。

我国的乡村旅游自20世纪80年代至今已经历了40多年的发展，在规模和效益方面取得了显著的发展成绩，在我国脱贫攻坚和乡村振兴中发挥了举足轻重的作用。但同时也要看到，在迅速发展的过程中，乡村旅游出现了管理体制滞后、产品缺乏特色、配套设施不全、人才严重匮乏、乡村环境遭到破坏、利益分配不均等一系列问题，严重妨碍了乡村旅游的持续、健康发展，乡村旅游发展理念、发展模式亟需优化调整。因此，在经济高质量发展阶段，乡村旅游产业发展应该遵循国家经济转型发展的总体战略要求，走高质量发展道路，从提高质量和效益的目标出发，寻求新时代背景下乡村旅游转型升级。

（二）乡村旅游高质量发展的内涵

乡村旅游高质量发展是伴随着经济高质量发展而出现的新概念，不同学者有不同的界定，目前尚无统一概念。于法稳（2020）认为，乡村旅游高质量发展是在习近平生态文明思想指导下，坚持绿色发展理念，全面践行"绿水青山就是金山银山"，基于乡村独特的人文、生态环境资源

---

① 资料来源：2019年我国乡村休闲旅游业营业收入超8500亿元.滚动新闻.中国政府网（www.gov.cn）

② 资料来源：2019年我国国内游人数突破60亿人次.滚动新闻.中国政府网（www.gov.cn）

的利用与质量提升，以科学的乡村旅游规划为引领，以创新乡村旅游产品，增强"乡村性"作为旅游核心吸引物，以"+乡村旅游"实现产业融合发展为途径，为城乡旅游者提供充足、优质、安全、健康的绿色旅游商品，满足其日益增长的美好生活需要，实现生态与经济的和谐发展，以及生态效益、经济效益与社会效益的统一，助力乡村产业振兴和精准扶贫的一种发展模式；并且从七个方面深入解析了乡村旅游高质量发展的内涵特征，即绿色发展理念为指导、以资源可持续利用为前提、以产业融合为路径、以提供绿色旅游产品为内核、以农业强农民富农村美为目标、以生态与经济协调发展为归宿[4]。张琪（2020）认为乡村旅游高质量发展是乡村旅游经济发展追求效率优先、质量第一的同时不断改善社会福利分配、生态环境质量，保持乡村地区"经济—社会—资源环境"系统实现动态平衡的可持续发展过程，可以从发展的有效性、稳定性、创新性、持续性和共享性五个方面进行高质量发展程度的衡量[5]。吴彦辉（2021）认为乡村旅游高质量发展是全面均衡的发展、是产业不断转型升级的发展、是企业保持产品质量可靠性与持续创新的发展[6]。

在广泛吸收不同学者的观念基础上，本书认为，乡村旅游高质量发展是在创新、协调、绿色、开放、共享的新发展理念指导下，以提高乡村旅游资源利用效益、提升乡村旅游产品质量为标准，注重经济效益、社会效益、生态效益相统一，最终实现农业强农村美农民富的一种旅游高级发展模式。

第三节　乡村振兴与乡村旅游高质量发展的互动机制

一、乡村旅游高质量发展是乡村振兴的重要驱动力

乡村旅游是乡村社会经济文化发展的重要组成部分，以创新、协调、绿色、开放、共享为主要指导思想的乡村旅游高质量发展是实现乡村振兴的重要驱动力，乡村旅游高质量发展在乡村产业振兴、人才振兴、文化振兴、生态振兴、组织振兴等方面均能发挥重要作用。

（一）乡村旅游高质量发展有利于实现乡村产业振兴

农村经济社会发展之所以落后，一个重要的原因就是缺乏产业支撑。旅游业具有显著的经济乘数效应，对相关产业的带动十分明显。乡村依托自身的地理、资源优势，积极发展乡村旅游业，是实现乡村产业振兴的重要途径。乡村旅游业作为扶贫产业、美丽产业、幸福产业，能够对乡村产业振兴起到引擎作用。乡村旅游高质量发展促进三大产业融合发展，拓展农产品产业链和供应链，鼓励农民参与农产品开发、生产和销售，组织农民参与技能培训和科技学习，激励农民修缮民居和开办民宿旅馆和土菜馆，让农民生产生活就地商品化，有效优化了乡村产业结构，延长了传统农产品产业链，增加了农产品附加值[7]。

（二）乡村旅游高质量发展有利于实现乡村人才振兴

近年来，随着我国城镇化建设的脚步加快，农村人口大量向城市流动、转移甚至定居，农村"空心化"的现象日益严重。依托乡村旅游高质量发展，有利于推动乡村的人才振兴。一方面，乡村旅游的发展让很多有着乡土情结且具备一定专业知识或技能的中青年人才回到自己的故土进行创业，进一步凝聚了乡村人气，汇聚了产业发展急需的人力资源，给乡村的发展带来了生机和活力，同时也有利于乡村家庭的和谐稳定、有利于乡村儿童的健康成长，对乡村未来的人才振兴奠定了现实基础。另一方面，通过发展乡村旅游，乡村居民扩大了与外界的交流，增长了见识、开阔了眼界，同时在提升乡村旅游服务与经营管理水平的过程中不断提高自身能力和素质，使得乡村在很大程度上实现了人才振兴。

（三）乡村旅游高质量发展有利于实现乡村文化振兴

我国的很多世界文化遗产、非物质文化遗产都根植于乡村社会，是我国宝贵的精神财富。乡村旅游高质量发展通过不断地挖掘、展示当地农耕、村俗、服饰、餐饮、宗祠、建筑、民约等优秀民俗和地域文化，不仅可以让本地居民更加了解和熟悉先辈创造的悠久历史文明，增强他们的地方自豪感和民族认同感，还可以更好地传承、宣传和保护优秀历史文化。此外，乡村旅游高质量发展有利于加强城乡文化交流，改变乡村居民落后的观念，通过城市居民的参与活动，可以把先进的理念、知识、科技带到乡村，促进乡村居民打破保守思想的束缚，乡村和城市两种社会形态和文化形态实现了碰撞和交融[8]。因此，乡村旅游的开展，将乡村纳入更加开放、创新的社会发展大潮中，有利于乡村的文化振兴。

（四）乡村旅游高质量发展有利于实现乡村生态振兴

乡村优美的生态环境是发展乡村旅游的核心竞争力。乡村旅游的开发直接促进了乡村生态环境的保护。发展乡村旅游，必然要对乡村的基础设施和周边环境进行改造、整治，尤其是对乡村道路景观、垃圾处理站、旅游厕所、网络通信等进行专项治理，切实解决乡村"脏、乱、差"的环境顽疾，才能吸引城市游客，这在客观上直接改善了乡村的生态环境。同时，村民在获得乡村旅游经济效益之后，就会从主观上意识到保护自然生态环境的重要性并将其付诸实际行动，以便持续受益。久而久之，这种客观上的被动整治和主观上的刻意保护，会在极大程度上实现乡村的生态振兴。

（五）乡村旅游高质量发展有利于实现乡村组织振兴

发展乡村旅游必须依靠一定的组织把人力、物力、财力积聚起来，合理调配资源，发挥协同效应，才能把乡村优质的自然、人文旅游资源转化为经济、社会、文化效益。在乡村旅游高质量发展的过程中，极大促进了乡村相关组织的振兴。一是有利于基层党组织的振兴。基层党组织是乡村旅游发展中的组织堡垒，是乡村社会中具有较高政治觉悟、较强业务能力、较强奉献意识的"关键少数"，在乡村群众中有较高的影响力和号召力。因此，乡村旅游高质量发展一方面需要基层党组织的帮扶，另一方面也反过来极大地历练和激发了基层党组织，使得基层党组织的组织活力、治理效率得到显著提升。二是有利于各类经济组织的振兴。发展乡村旅游有利于壮大集体经济力量，助推集体经济的发展，加快土地流转，推动集约化、规模化经营；发展乡村旅游还有利于推动乡村旅游专业合作社的形成和发展，促进乡村旅游行业组织的建设、规范、壮大[9]。

二、乡村振兴是乡村旅游高质量发展的总体指挥棒

乡村振兴战略是关于乡村发展的国家战略，是现阶段我国乡村发展的总指挥棒，具有导向性、整体性、全局性等特点。乡村旅游作为乡村发展的重要组成部分,必须服务于乡村振兴的总要求,即坚持"产业兴旺、生态宜居、乡风文明、治理有效、生活富裕"。

（一）坚持产业兴旺,不断优化乡村旅游产业结构

从新农村建设的"生产发展"到乡村振兴的"产业兴旺"的变化,可以清晰地看到,如今乡村产业具有更深的内涵、更高的要求。产业兴旺是乡村振兴的核心,也是解决农民收入低下、城乡发展失衡的根本举措。因此,发展乡村旅游,也要坚持走产业兴旺的道路,不断优化乡村旅游产业结构,形成富有竞争力和市场活力的乡村产业体系。

一是因地制宜开展乡村旅游,凸显产业特色。经过多年的发展,我国乡村旅游取得了显著的成绩。但不可否认,从整体规划到资源开发到项目建设,创新性、特色性不够突出,导致乡村旅游产品同质化、低水平建设的问题极为突出。当前绝大多数的乡村旅游以乡村农事活动、田园采摘、农业观光为主,甚至有的地方还要保持乡村建筑风格的统一,"千村一面"的现象较为突出,容易使旅游者产生审美疲劳,无法满足旅游者日益增长的多样化、个性化需求,也不利于乡村旅游地的可持续发展。因此,未来的乡村旅游应该因地制宜、因村施策,凸显产业特色,努力构建"一村一品"和"特色小镇"的产业发展新格局。当地政府要在科学调查研究的基础上,因地制宜,突出特色,结合区域大旅游的总体规划统筹布局,协助指导农民充分利用已有资源,从一家一户做起,以点带线,以线带面,形成各具特色的"农家乐户""农家乐村""农家乐乡",逐步形成有规模、有特点、上档次的乡村旅游休闲度假中心,形成以"土、野、乐、趣"为不同特色的乡村旅游风格[10]。不断完善区域乡村旅游产业结构和空间布局,防止项目趋同、重复建设带来的恶性竞争。

二是加强乡村旅游产业融合,扩大产业综合效应。旅游业是具备食住行游购娱六要素的综合性产业,乡村旅游业也不例外。发展乡村旅游,带动了当地种植业、养殖业、畜牧业、渔业、农产品加工业、工艺品制作业、物流运输业、餐饮住宿服务业、娱乐休闲业等多个相关产业的发展。乡村旅游打破了农村产业结构单一的状态,通过对农业资源、田园风光和人文景观的充分有效利用,使得第一、第二、第三产业的界限在农村不再泾渭分明。乡村旅游延伸并强化了农业的功能,让传统农业变身为综合发展的新兴产业[11]。因此,在乡村振兴的战略要求下,乡村旅游的高质量发展必须进一步加强三产融合,形成"旅游+"的多业态跨

界思维。此外,面对日新月异的数字经济,乡村旅游也要充分把握"互联网+"的发展趋势,积极推动智慧乡村旅游、数字乡村旅游的发展。

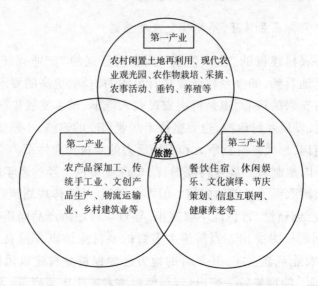

图1-3 乡村旅游促进第一、二、三产业融合

三是做大做强乡村旅游龙头企业,发挥示范带动作用。龙头企业是实现乡村产业兴旺的生力军,是带动乡村旅游发展的重要主体,其在打造全产业链、构建现代产业体系、解决农民就业、提高产业效益等方面具有重要作用。2021年10月22日,农业农村部印发《关于促进农业产业化龙头企业做大做强的意见》,对龙头企业的发展提出了一系列部署。

乡村旅游要提高产业效能,实现产业兴旺,必须实施龙头企业培育工程,引导、扶持一批有实力的乡村旅游企业采取兼并重组、股份合作等形式,建立大型乡村旅游企业集团,进而发挥其在乡村旅游产业链延伸及第一、二、三产业融合中的带动作用和示范效应。

(二)坚持生态宜居,持续保护乡村旅游生态环境

生态宜居是乡村振兴的关键,是生态文明建设的重点。乡村旅游的高质量发展绝不是单纯追求经济效益,而是在保护生态、尊重自然的基础上实现乡村旅游的可持续发展。乡村旅游得以发展的根本原因就在于城市居民向往乡村清新的空气、潺潺的溪水、清脆的鸟鸣,如果没有了这些,到处都是污水横流、垃圾遍地,乡村的田园风光、诗情画意就不复存在,乡村旅游便如无源之水、无本之木。因此,坚持生态宜居,积

极践行"绿水青山就是金山银山",是乡村旅游高质量发展必须遵循的法则。

一是合理处理保护和开发的平衡关系。乡村旅游产业的发展需要以资源开发和基础及配套设施建设为前提,从一定意义上讲,乡村旅游的开发势必会带来一定程度上的生态破坏。旅游开发商是以营利为目的的经济组织,往往会将生态环境的保护置于经济利益之后,部分居民由于缺乏长远发展的眼光也会出现急功近利的生态破坏行为。对此,政府应该发挥主导作用,在乡村旅游项目的规划、审核、开发上,提高准入门槛,严格审查开发商的资质,加强对乡村旅游开发和经营过程中的监督检查,严惩破坏生态环境的行为,要在开发中保护,保护中建设,对乡村设施进行合理的设计打造。

二是积极改善农村人居环境。改善农村人居环境是我国乡村振兴和美丽乡村建设的、国家建设美丽乡村的基本要求,也是发展乡村旅游的基础条件。相对于城市而言,农村的公共卫生条件一般较差,这也成为影响很多旅游者选择乡村旅游的制约因素。十九大明确提出开展农村人居环境整治。2018 年 2 月,中共中央办公厅、国务院办公厅印发《农村人居环境整治三年行动方案》,对农村厕所、生活垃圾、生活污水进行了专项治理。经过四年的实施,农村脏乱差局面得到极大扭转,村庄环境基本实现干净整洁有序。2021 年 12 月,中共中央办公厅、国务院办公厅再次印发《农村人居环境整治提升五年行动方案(2021—2025年)》,为持续改善农村人居环境进行了总体部署。在国家政策强有力的政策引导下,农村地方政府要加大宣传和教育力度,充分发挥农民的主体作用,提高其参与环境整治的自觉性和主动性,团结一致将农村建设成为宜居宜游、人人向往的地方。

(三)坚持乡风文明,重点加强乡土文化保护传承

文化是旅游的灵魂所在,人们对乡村的向往,不仅在于乡村优美清静的自然环境,更向往和城市不一样的乡土文化。乡风文明就是乡村良好社会风气、生活习俗、思维观念和行为方式等的总和[12]。乡风文明是乡村振兴的重要组成部分,也是乡村旅游高质量发展的软实力。乡村是我国农耕文化、游牧文明、海洋文明的发源地,也承载了一代代人们对故土和家乡的美好寄托。习近平总书记曾说过"要让居民望得见山、看得见水、记得住乡愁"。"乡愁"二字实际上就是乡村长期传承下来的

风土人情,就是乡风文明的通俗表达,是乡村区别于城市文化的高度概括。因此,在乡村旅游高质量发展的过程中,应改变过去重物质、轻文化的发展理念,加强乡风民风建设,重视乡村文化的保护和传承,让乡村成为文明之地、文化之地。

一是注重乡村符号的保留。现在很多地方发展乡村旅游喜欢大修大建,在项目开发和景观设计上突出城市化、现代化、人工化、科技化,拆掉了原有破旧、古老的村居,取而代之的是现代化的高楼大厦,与城市差别越来越小,离人们心目中乡村应有的样子越来越远。乡村无法成为人们表达乡愁的寄托地和净化心灵的栖息地,游客在乡村旅游过程中无法感受到原真性、原生态的乡风民俗,不但使旅游者失去了兴趣,反而增加了开发成本,得不偿失。因此,在乡村旅游高质量发展过程中,应尽可能保留古村落、古建筑等物化乡村符号,遵循"修旧如旧"的原则对其进行保护性开发;深入挖掘地方民俗、民族文化、宗教等文化乡村符号,并进行创造性转化和创新性发展。

二是加强旅游道德的教育。在普通大众心目中,乡村就是人善景美、民风淳朴的地方,但在发展乡村旅游的过程中,部分地区乡村文化有所衰落,产生了内容变异、形式低俗等问题,部分村民存在急功近利、欺客宰客、设置消费陷阱等行为,使得旅游者渐渐对乡村旅游产生了一定的负面情感。乡风文明建设最终是要靠人来建设的,广大村民不仅是乡风文明建设的受益者,也是最主要的参与者。因此,在乡风文明建设中,要特别注意加强教育、培养新型农民,这是乡风文明建设根本,也是新时期乡风文明建设系统工程的基石[13]。要对广大村民进行社会公德、职业道德和家庭美德教育,综合采用理论宣讲、树立典型榜样、反面警示教育等多样化途径,改变他们某些陈旧落后的小农意识、封建观念和金钱至上的意识,引导其诚信经营、文明服务,提升他们的文化水平和综合素质,让乡风文明成为每个人的自觉行为,展示新时代新型职业农民的形象[14]。

（四）坚持治理有效,深入推进乡村旅游治理优化

长期以来,由于乡村地区的治理水平处在一个比较滞后的状态,治理手段单一,治理方式简单粗暴,基层治理人员水平有限、思维陈旧,这些都严重影响了乡村治理的成效[15]。有效的乡村治理可以让乡村旅游地拥有良好的发展秩序和更好的社会口碑,从而赢得更多的回头客。因

此,乡村旅游高质量发展必须坚持乡村有效治理,深入推进乡村旅游治理结构优化和治理水平提升。

一是构建三治融合的治理体系。随着乡村旅游的不断发展,外来人口不断增加,开放程度日益提高,乡村旅游地已经变成一个人口异质性、流动性的社会,原有的熟人社会网络体系被打破,适用于熟人社会的乡村治理方式已经无法满足如今的乡村社会环境。党的十九大提出乡村振兴战略,并强调要健全自治、法治、德治相结合的乡村治理体系,这正是根据我国乡村面临的新环境对乡村治理做出的重要要求。要让村民广泛参与乡村旅游发展实践,定期召开村民大会、重大决策征求意见会,提高其在乡村旅游重要项目中的发言权和决策权,增强基层活力,提高村民自治能力。在乡村旅游土地流转、项目审批、资源保护等方面健全法律服务体系,加强村法律顾问工作,规范乡村基层执法程序,对违法违规的利益行为起到有效的约束作用,保证各利益主体行为的规范化,提高乡村旅游的法治水平。同时,深入挖掘中国乡村传统文化中的道德教育要素,将其与现代精神文明有效结合,不仅可以进一步提高乡村旅游德治水平,同时也为乡村旅游提供了更优质的文化资源。

二是实施多元主体的协同治理模式。乡村旅游的综合性使得它的发展必然要求多方力量的介入,才能实现持续、健康的高质量发展态势。因此,现代化的乡村旅游治理模式,需要将当地农村人口、地方政府、旅游开发商、旅游者等多利益主体纳入治理体系中。各利益主体的利益诉求各不相同,各有侧重,既有交叉融合,又有分歧矛盾。当地农村人口是乡村旅游的参与者和主要受益者,地方政府是乡村旅游的主导者和协调者,旅游开发商是乡村旅游的生产者和服务者,旅游者是乡村旅游的消费者和体验者。只有明确各利益主体的利益诉求并加以满足,才能调动各方的积极性,推动乡村旅游的持续有效发展。

（五）坚持生活富裕,最大限度提高当地居民收益

生活富裕是国家实施乡村振兴战略的落脚点,是衡量乡村振兴工程成效的最重要标准。乡村旅游催生了就业岗位、创造了就业机会,实现了农民在家门口就业创业,切实增加了农民经济收入,提升了生活水平。同时,通过发展乡村旅游产业,活跃了乡村经济,增加了当地财政收入,改善了农村公共服务水平,也在很大程度上改善了当地农民生活条件和社会福利,推动了乡村脱贫致富奔小康。但与此同时,在乡村旅游

开发过程中,也不同程度地存在"旅游飞地效应"。当地农村居民出让了土地、房屋、劳动力等重要旅游资源和要素,但由于其文化程度相对较低、经济基础薄弱、组织力量松散等原因,往往在乡村旅游利益相关者的利益分配中处于劣势地位,难以获得与其投入相匹配的乡村旅游绩效,严重影响了村民的积极性和乡村旅游的可持续发展。因此,在乡村旅游高质量发展过程中,要牢牢把握"生活富裕"的战略目标,最大限度提高当地居民收益。

一是强化居民利益参与机制[16]。当地居民在乡村旅游开发中的参与程度直接决定了他们所获经济利益的大小,为此要建立一套完整的居民参与机制,不仅要提升当地居民的参与广度,还要注意参与的深度,让更多的农民从事高附加值、高回报的经济活动,切实提高受益程度。可以通过加强对当地居民的教育培训,让他们具备从事旅游经济活动的素质和能力。同时,对于具备旅游创业能力但缺乏启动资金的当地居民,政府可以联合金融机构为其提供信贷支持,帮助其完善旅游经营环境。政府可以对当地居民自主经营的农家乐、旅社、餐馆等给予一定时间内的税收减免,以此提高他们参与旅游创业和就业的积极性。

二是设置合理的利益分配机制[16]。合理的利益分配机制是保障当地居民受益的关键。在乡村旅游开发中,可以采用旅游收益的一次分配和二次分配相结合,实现效率和公平的兼顾。一次分配主要体现效率性,当地居民根据自己在旅游开发中付出的人力劳动、土地资源、房产农舍、设施设备、特产制作技术等的实际情况获得相应的利益。为最大程度保障当地居民利益,可以对居民的资产进行合理的估价,将其作为资本融入旅游企业中去,而不采用所有权一次性让渡的方式。同时,旅游开发的持续推进势必会对乡村地区造成环境污染、物价上涨、文化冲突等负面影响,这些影响对贫困人口而言是潜在的、隐形的,政府应给予当地居民一定的利益补偿。因此,为体现对处于相对弱势地位的当地居民的关爱,践行"生活富裕"的准则,乡村旅游开发的收益应进行倾斜于当地居民的第二次分配。政府应从旅游企业经营收入中提取一定的资源使用费,同时划拨财政收入的一定比例,对当地居民进行利益的二次分配,确保他们真正受益。

三、二者的互动机制

乡村旅游高质量发展是乡村振兴的重要驱动力,乡村振兴是乡村旅游高质量发展的总体指挥棒,二者的互动机制如图1-4所示。

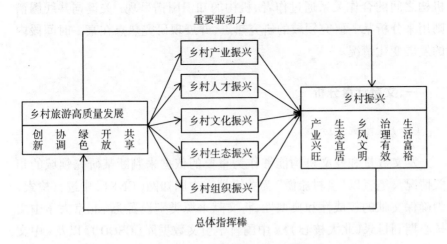

图1-4　乡村振兴与乡村旅游高质量发展的互动机制

第四节　乡村旅游研究梳理

为了更深入地了解我国乡村旅游的研究现状,挖掘学科前沿,找准研究热点,本章利用 Citespace 软件对我国乡村旅游研究进行梳理。

由于 Citespace 软件是对海量文献做汇总分析,因此对文献数量有最低要求,一般要求不低于200条以上数据,分析效果会比较好,研究结论会相对准确、客观。由于"乡村振兴""高质量发展"是十九大提出的观点,截至2022年6月,在中国知网中以"'乡村振兴'+'乡村旅游'+'高质量发展'"为题名进行检索,相关文献只有29篇;以"'乡村旅游'+'高质量发展'"为题名进行检索,相关文献只有133篇;以"'乡村旅游'+'高质量发展'"为题名进行检索,相关文献也只有 133 篇,均不符合 Citespace 软件对文献数量的最低要求。因此,为了得到更多的乡村旅游研究文献,系统梳理我国乡村旅游发展以来的研究现状与趋势,本章以"乡村旅游"为关键词,利用 Citespace 5.5 R2 软件对作者、研究机构以及关键词进行共线分析,得到相应的知识图谱。研究者之间、机构之间的合作关系通过作者、机构的知识图谱呈现;关键词共线图谱则用来分析某一研究领域的研究热点,并展现研究热点在某一时间段内的发展变化情况。

一、文献计量分析

(一)文献数量分布

发文数量和发文机构能够作为重要的依据来判断某研究领域的相关情况。笔者以"乡村旅游"为关键词在中国知网(CNKI)中进行检索,为确保文献的权威性和典型性,将文献来源类别设置为《北京大学中文核心期刊目录(北大核心)》《中国科学引文数据库(CSCD)》以及《中文社会科学引文检索(CSSCI)》,不限时间,共检索论文 2412 篇,如图 1-5 所示。时间跨度为 1992 年 4 月 30 日—2022 年 6 月。根据图 1-5 可知,我国国内关于乡村旅游的研究首次出现于 1992 年,在 2005—2011 年出现大幅度增长,2012 年—2015 年呈现大幅度波动,2016—2022 年在波动中上升。在检索结果的基础上,删除书评、新闻报道、会议通知等,最终得到有效文献 2351 篇。后文将针对筛选的 2351 篇文献进行具体分析。

(二)文献学科领域分布

笔者对相关文献涉及的学科进行分析后,发现乡村旅游研究涉及的学科领域众多。利用 CNKI 对未删减的数据进行分析,以窥探乡村旅游研究文献分布的学科类别,如图 1-6 所示。

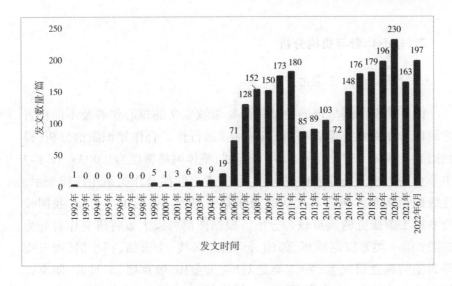

图 1-5　1992—2022 年 6 月发文数量

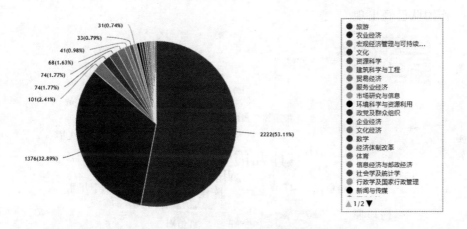

图 1-6　我国乡村旅游研究涉及的学科领域

　　根据图 1-6 可知,我国乡村旅游研究发文最多的是旅游类,占比超过一半,达到 53.11%,关于农业经济研究的文献占比为 32.89%,此后是宏观经济管理与可持续发展类占比 2.41%,文化类与资源科学均占比 1.77%,此外乡村旅游的研究还涉及建筑科学与工程、贸易经济、服务业经济等领域,由此可见乡村旅游研究涉及的学科领域非常广泛。

二、核心作者与机构分析

(一)核心作者可视化分析

作者共现图谱呈现的是某一研究领域发文的核心作者及不同作者之间的合作关系。笔者利用 Citespace 进行作者合作知识图谱分析,得到图 1-7,共有 237 个节点和 91 条连线,整体网络密度为 0.0033。图 1-7 中节点的大小表征作者的发文量,研究者之间的合作关系用连线表示,连线的粗细表示研究者之间的合作紧密程度。由图 1-7 可知,我国投身乡村旅游研究的人员较为分散。根据图谱可以大致将研究作者分为三类:第一类是以赵承华、郭伟、孙九霞、郭凌、李玉新、卢小丽、陶玉霞等为主的独立研究者;第二类是刘涛、王金伟、殷章馨、李星群、陶卓民等有单一的节点,这些作者已经与其他研究者开展过合作;第三类是阎建忠、陈海龙、吴冠岑等有三个以上节点连线的研究者,表示小型的合作团队已经出现。

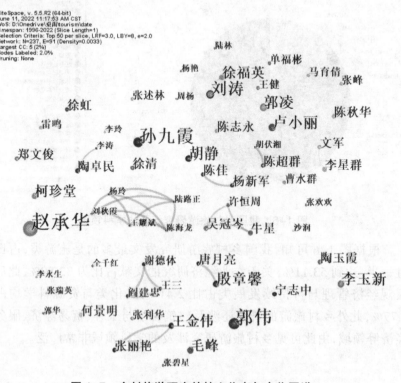

图 1-7　乡村旅游研究的核心作者与合作图谱

笔者将发文量在 5 篇及以上的作者进行统计,得到表 1-1。其中,发文量 10 篇及以上的作者有赵承华、孙九霞、郭凌、陶卓民,赵承华的发文量最高,达到 15 篇。

表 1-1　发文量 5 篇及以上的作者

序号	作者	发文量	序号	作者	发文量
1	赵承华	15	14	郭伟	6
2	孙九霞	11	15	殷章馨	6
3	郭凌	10	16	毛峰	6
4	陶卓民	10	17	陈佳	6
5	刘涛	9	18	李星群	6
6	李玉新	9	19	徐虹	6
7	卢小丽	8	20	徐福英	5
8	陶玉霞	8	21	郑文俊	5
9	何景明	8	22	牛星	5
10	柯珍堂	7	23	文军	5
11	陈秋华	7	24	徐清	5
12	陈志永	7	25	宁志中	5
13	杨新军	7	26	吴冠岑	5

根据图 1-7 和表 1-1 可知,我国乡村旅游的研究者之间缺乏合作,尚未形成紧密的合作关系,虽然有少量研究团队出现,但是规模不大,尚未出现领军人物和大规模的合作团队,目前的研究还处于初级阶段。

(二)研究机构可视化分析

图 1-8 为我国乡村旅游研究机构的可视化图谱,该图谱共有 224 个节点,75 条连线,网络密度为 0.003,节点的大小表征该机构发表期刊论文的数量,机构之间的合作关系通过节点之间的连线呈现。根据图 1-8 可以看出,当前我国研究乡村旅游的机构较多,但是机构之间缺少合作。其中国科学院地理科学与资源研究所的发文量最多,达到 43 篇。

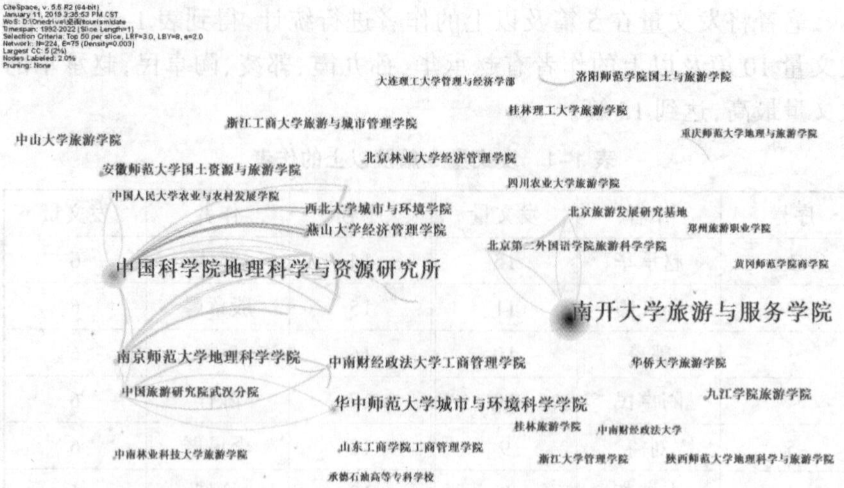

图 1-8 乡村旅游研究的机构与合作图谱

　　根据图 1-8 可知,研究乡村旅游的机构较为分散,机构之间并未形成密切的合作关系。根据图谱大致可将研究机构分为三类:第一类是由中国科学院地理科学与资源研究所、南开大学旅游与服务学院组成的合作网络,它们是最显著的机构合作的中心;第二类是华中师范大学城市与环境科学学院与中国旅游研究院武汉分院两个机构组成的合作网络;第三类是独立的研究机构,如中山大学旅游学院、陕西师范大学地理与旅游研究学院、华侨大学旅游学院、浙江大学管理学院、四川农业大学旅游学院等。

　　笔者对发文量在 10 篇及以上的机构进行统计,如表 1-2 所示。发文量前三的机构分别为中国科学院地理科学与资源研究所、南京师范大学地理科学学院和中南财经政法大学工商管理学院,其发文量分别为 43 篇、28 篇和 18 篇。

　　综上,国内研究乡村旅游的机构以高校为主,但高校之间缺少跨机构乃至跨区域的合作。研究机构之间缺乏有效的合作,这在一定程度上限制了高质量乡村旅游研究成果的产生。

表1-2　发文量10篇及以上的机构

序号	机构名称	发文量
1	中国科学院地理科学与资源研究所	43
2	南京师范大学地理科学学院	28
3	中南财经政法大学工商管理学院	18
4	安徽师范大学国土资源与旅游学院	15
5	西北大学城市与环境学院	14
6	中山大学旅游学院	14
7	桂林旅游学院	14
8	南开大学旅游与服务管理学院	12
9	华中师范大学城市与环境科学学院	12
10	九江学院旅游学院	12
11	山东工商学院工商管理学院	12
12	桂林理工大学旅游学院	11
13	浙江大学管理学院	11
14	浙江工商大学旅游与城市管理学院	10
15	洛阳师范学院国土与旅游学院	10

三、研究热点与研究前沿分析

（一）关键词共线分析

关键词是作者对文章内容的高度凝练与集中概括，笔者利用Citespace进行关键词分析，得到包含337个节点、400条连线的国内乡村旅游研究关键词共线知识图谱，如图1-9所示。其中关键词节点用圆圈表示，圆圈的大小表征关键词出现的频次。

通过对图1-9进行分析可以发现，我国乡村旅游的研究重点围绕以下五个方面展开：

第一，乡村旅游的可持续发展。1999年，杜江等学者首次提出在乡村旅游发展中突出可持续发展思想[3]。随后关于乡村旅游可持续发展的研究主要集中在问题对策研究和模式构建研究。周玲强（2004）等从宏观角度研究我国乡村旅游可持续发展存在的问题：开发范围小、散、重、乱；活动项目形式单一；环境卫生有待改善；市场信誉不良，并提出我国乡村旅游可持续发展的对策[17]。周丹敏（2014）、马剑平（2011）、刘涛（2009）等学者分别针对江西、贵州、山东乡村旅游可持续发展存在的问题提出有针对性的发展建议[18-20]。田洪（2019）指出我国乡村旅游存在发展模式单一、产业联动不足、文化挖掘不够等问题[21]。秦杨（2019）指出我国乡村旅游还面临基础设施落后、资金人才匮乏等困境[22]。张洪昌（2019）等人运用"社区能力—制度嵌入"理论框架构建乡村旅游发展模式并揭示其内在演进机制[23]。乔磊（2010）从利益相关者视角出发,构建乡村旅游可持续发展模式[24]。

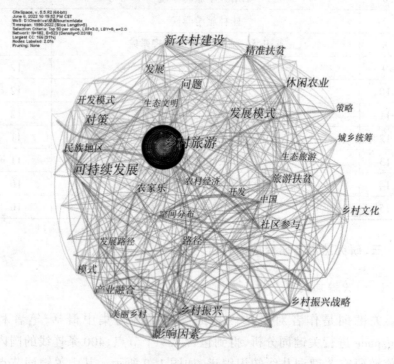

图 1-9　乡村旅游研究关键词共现图谱

第二,精准扶贫与乡村振兴。国内关于乡村旅游精准扶贫的研究主要集中在现实困境以及实现路径上。何阳（2017）等指出乡村旅游精准扶贫在实践过程中存在缺乏可持续发展理念、产业发展条件评估不科学、帮扶主体单一等问题[25]；邓维杰（2017）等通过调研四川、贵州、云南等省份乡村旅游与精准扶贫的现状,提出我国乡村旅游精准扶贫面临乡村旅游业持续性不强、重旅游业发展轻扶贫成效、旅游资源利用不合理、扶贫专业能力不强等困境[26]。吴靖南（2017）通过对乡村旅游精准扶贫驱动机制进行分析，并从识别帮扶对象、制定帮扶措施、实施扶贫动态管理和强化目标考核四个方面设计乡村旅游精准扶贫实现路径[27]；陈秋华（2016）则指出乡村旅游精准扶贫的实现路径有延伸产业链、实施精准帮扶、打造旅游精品、强化政策支持、完善培训机制以及优化营销平台[28]。关于乡村旅游助推乡村振兴的研究则主要集中在作用机理和耦合关系分析两个方面。贾未寰（2020）等从乡村产业、乡村人才、乡村文化、乡村生态、乡村组织、农民生活六个不同的角度分析乡村旅游助推乡村振兴的作用机理。向延平（2021）从"三农"视角、生产要素视角、效应导向视角、目标导向视角四个不同角度探讨乡村旅游驱动乡村振兴的内在机理。聂学东（2020）、马小琴（2019）、庞艳华（2019）、董文静（2019）等学者则运用耦合协调度模型分析了河北省、山西省、河南省、山东省乡村旅游与乡村振兴的耦合协调关系[29-32]。

第三，产业融合。朱新杰（2013）等对辽宁乡村旅游与体育旅游融合发展的模式进行归纳，并提出创新旅游产品和创新经营模式两条发展策略来推动辽宁乡村旅游和体育旅游融合发展[33]。赵华（2015）等以乡村旅游与文化创意产业融合为视角，提出乡村旅游与文化创意产业融合发展的路径[34]。

第四，旅游者满意度影响因素研究以及当地居民、社区参与乡村旅游的影响因素研究。张春琳（2012）、杨军辉（2018）等以贵州西江千户苗寨为案例地，分析影响乡村旅游者满意度的因素[35-36]。周杨（2016）等对广东省四个地区的乡村旅游进行实地调研，分析乡村旅游中影响游客满意度的因素[37]。路幸福（2011）等对安徽宏村、石潭村等四个乡村旅游地开展实证研究，得出影响居民社区参与的主要因素有文化归属感、利益分配、效益认同、组织需求、政策支持和参与能力[38]。李玉新（2008）剖析了影响乡村旅游社区参与的因素、障碍与途径，并提出以和谐发展为目标的乡村旅游社区参与措施[39]。

第五，乡村旅游地空间分布的影响因素研究。研究尺度包括全国、区域和省域。例如，马斌斌（2020）等的研究指出影响乡村旅游重点村空间分布特征和类型结构差异的主要因素有资源禀赋、经济发展水平、市场规模、交通区位、政策以及创新环境[40]。王松茂（2019）等的研究表明西北五省乡村旅游模范村空间分异特征主要受交通区位、湖泊水系、客源市场的影响[41]。吴昕昱（2020）等、张杰（2021）等学者从省域出发研究了影响河南省、湖南省乡村旅游地空间分布的因素[42-43]。

（二）关键词的中心度分析

为了解乡村旅游研究的热点和前沿，笔者对图1-9中的关键词按照中心度进行降序排序，如表1-3所示。中心度排名前十的高频关键词主要有乡村旅游、乡村振兴、可持续发展、问题对策、影响因素、产业融合，与前文的关键词共线所呈现的图1-9高度吻合。当前乡村旅游的研究热点主要集中在乡村振兴、可持续发展、问题对策、影响因素等几个方面。

表1-3　我国乡村旅游研究高频关键词的中介中心度统计表

序号	中心度	关键词	序号	中心度	关键词
1	0.59	乡村旅游 & 休闲农业	6	0.08	影响因素
2	0.52	乡村振兴 & 精准扶贫	7	0.07	社区参与
3	0.16	可持续发展	8	0.07	产业融合
4	0.13	对策	9	0.05	问题研究
5	0.11	新农村建设	10	0.05	民族地区

（三）关键词突现分析

学者可以根据关键词的突现强度和时间识别某一研究领域的研究热点。笔者利用Citespace对关键词进行突现分析，得到图1-10。突现度排在前10的关键词分别是：新农村建设、精准扶贫、对策、城乡统筹、开发、美丽乡村、新型城镇化、新农村、开发模式、发展对策。从时间序列来看，2010年以前的突现词为旅游开发、发展模式、乡村文化、新农村、发展对策；2010年至2016年的突现词为开发、开发模式、对策、发展、新农村建设、现状、问题、农家乐、城乡统筹；2016年之后的突现词为生态旅游、精准扶贫、供给侧改革、转型升级、美丽乡村、全域旅游。从关键词的突现节点可以看出，我国乡村旅游研究的政策导向性明显。从突现词影响的时长来看，"旅游开发"领域最长（11年）；开发、对策、生态旅游、发展策略、生态旅游、精准扶贫的影响周期集中在6—9年，其他的影响周期均小于4年。2016年，全域旅游和供给侧改革等概念被提出，供给侧改革、转型升级、全域旅游由此成为乡村旅游的研究前沿。

Top 25 Keywords with the Strongest Citation Bursts

Keywords	Year	Strength	Begin	End	1992 - 2022
旅游开发	1992	3.6373	1999	2009	
开发	1992	6.3868	2003	2011	
开发模式	1992	4.8462	2004	2012	
发展模式	1992	3.6925	2005	2007	
对策	1992	13.5076	2006	2012	
乡村文化	1992	3.5551	2006	2009	
发展	1992	4.4467	2006	2013	
新农村建设	1992	21.5853	2006	2011	
新农村	1992	5.7088	2007	2009	
发展对策	1992	4.59	2008	2010	
现状	1992	3.8813	2009	2011	
问题	1992	4.6481	2009	2011	
农家乐	1992	3.5263	2009	2012	
城乡统筹	1992	7.1099	2010	2015	
生态旅游	1992	4.131	2010	2017	
发展策略	1992	4.0334	2011	2018	
影响因素	1992	4.5314	2012	2014	
土地流转	1992	4.7163	2013	2014	
生态文明	1992	3.8259	2014	2018	
新型城镇化	1992	5.7372	2015	2018	
精准扶贫	1992	14.2403	2016	2022	
供给侧改革	1992	4.3806	2016	2018	
转型升级	1992	3.675	2016	2019	
美丽乡村	1992	6.2847	2016	2019	
全域旅游	1992	4.0348	2016	2020	

图 1-10　乡村旅游研究文献中 25 位突现关键词

本章参考文献

[1] 乡村振兴战略规划（2018—2022 年）[EB/OL]. http：//www.gov.cn/zhengce/2018-09/26/content_5325534.htm

[2] 李欠梅.“高质量发展”概念的萌发和形成 [N]．浙江日报，2021-7-20（10）.

[3] 杜江，向萍．关于乡村旅游可持续发展的思考 [J]. 旅游学刊，1999（1）：15-18+73.

[4] 于法稳，黄鑫，岳会.乡村旅游高质量发展：内涵特征、关键问题及对策建议 [J]. 中国农村经济，2020（8）：27-39.

[5]张琪.山西省乡村旅游高质量发展研究[D].山西财经大学,2020.

[6]吴彦辉.乡村旅游高质量发展:内涵、动力与路径[J].广西大学学报(哲学社会科学版),2021,43(5):102-107.

[7]向延平.乡村旅游驱动乡村振兴内在机理与动力机制研究[J].湖南社会科学,2021(2):41-47.

[8]杨彦锋等乡村旅游:乡村振兴的路径与实践[M].北京:中国旅游出版社,2020.

[9]贾未寰,符刚.乡村旅游助推新时代乡村振兴:机理、模式及对策[J].农村经济,2020(03):19-25.

[10]柴院巍.我国乡村旅游发展的困境及路径:基于乡村振兴的视角[J].中国储运,2022(05):73-74.

[11]刘慧.发展乡村旅游与实现乡村振兴[J].农业与技术,2021,41(07):163-165.

[12]张秀梅.聚力乡风文明 助推乡村振兴[N].中国社会科学报,2018-6-13.

[13]杨征权.论乡村旅游形象塑造与乡风文明建设的耦合机理[J].安徽农业科学,2021,49(24):262-264+275.

[14]刘盛.乡风文明与乡村振兴:重要意义、现实难点与关键举措[J].农林经济管理学报,2018,17(5):629-634.

[15]周荣华,谭慧存,杨启智.乡村旅游促进乡村振兴——成都农科村实践[M].成都:电子科技大学出版社,2019.

[16]李莉.基于贫困人口受益的旅游开发与旅游扶贫协同机制构建[J].商业经济研究,2015(19):103-104.

[17]周玲强,黄祖辉.我国乡村旅游可持续发展问题与对策研究[J].经济地理,2004(4):572-576.

[18]周丹敏.江西乡村旅游可持续发展对策研究[J].求实,2014(6):59-61.

[19]马剑平,黄先禄.贵州乡村旅游可持续发展对策研究[J].贵州社会科学,2011(5):53-56.

[20]刘涛,徐福英.山东省乡村旅游可持续发展研究[J].资源开发与市场,2009,25(12):1143-1146.

[21] 田洪.科学审视乡村旅游发展的不足与瓶颈[J].人民论坛,
2019(16):74-75.

[22] 秦杨.发展乡村生态旅游 促进精准扶贫[J].人民论坛,2019
(3):64-65.

[23] 张洪昌,舒伯阳.社区能力、制度嵌入与乡村旅游发展模式[J].
甘肃社会科学,2019(1):186-192.

[24] 乔磊.基于利益相关者理论的乡村旅游可持续发展模式构建
[J].新疆社会科学,2010(5):27-32.

[25] 何阳,孙萍.乡村旅游精准扶贫的现实问题与消解[J].内蒙古
社会科学(汉文版),2017,38(3):29-34.

[26] 邓维杰,何海燕,朱淑婷.乡村旅游精准扶贫的困境与对策[J].
农村经济,2017(12):44-49.

[27] 吴靖南.乡村旅游精准扶贫实现路径研究[J].农村经济,2017
(3):99-103.

[28] 陈秋华,纪金雄.乡村旅游精准扶贫实现路径研究[J].福建论
坛(人文社会科学版),2016(5):196-200.

[29] 聂学东.河北省乡村振兴战略与乡村旅游发展计划耦合研究
[J].中国农业资源与区划,2019,40(7):53-57.

[30] 马小琴.山西省乡村旅游与乡村振兴耦合协调度测度[J].中国
农业资源与区划,2019,40(9):257-262.

[31] 庞艳华.河南省乡村旅游与乡村振兴耦合关联分析[J].中国农
业资源与区划,2019,40(11):315-320.

[32] 董文静,王昌森,张震.山东省乡村振兴与乡村旅游时空耦合
研究[J].地理科学,2020,40(4):628-636.

[33] 朱新杰,张满林.辽宁乡村旅游与体育旅游融合发展探析[J].
经济研究参考,2013(29):39-41.

[34] 赵华,于静.新常态下乡村旅游与文化创意产业融合发展研究
[J].经济问题,2015(4):50-55.

[35] 张春琳.乡村旅游游客满意度及再次游览意向影响因素研
究——来自贵州省西江千户苗寨的经验证据[J].农业经济问题,2012,
33(1):60-66+111-112.

[36] 杨军辉,潘秋玲,徐冬平.村寨型乡村旅游地游客满意度影响
因素与机制研究——以西江千户苗寨为例[J].资源开发与市场,2018,

34（3）：413-417.

[37] 周杨,何军红,荣浩.我国乡村旅游中的游客满意度评估及影响因素分析 [J].经济管理,2016,38（7）：156-166.

[38] 路幸福,陆林.乡村旅游发展的居民社区参与影响因素研究 [J].资源开发与市场,2011,27（11）：1054-1056.

[39] 李玉新.基于和谐发展的乡村旅游社区参与研究 [J].社会科学家,2008（8）：99-101.

[40] 马斌斌,陈兴鹏,马凯凯,等.中国乡村旅游重点村空间分布、类型结构及影响因素 [J].经济地理,2020,40（7）：190-199.

[41] 王松茂,何昭丽,郭英之."丝绸之路经济带"西北五省乡村旅游模范村空间分异及影响因素 [J].经济地理,2019,39（4）：199-206.

[42] 吴昕昱,张文政.河南省乡村旅游地空间分布与影响因素研究 [J].中国农业资源与区划,2020,41（8）：238-246.

[43] 张杰,麻学锋.湖南省乡村旅游地空间分异及影响因素——以五星级乡村旅游区为例 [J].自然资源学报,2021,36（4）：879-892.

第二章

乡村旅游高质量发展的动力系统

我国现代乡村旅游在 20 世纪 80 年代起源以来,取得了显著的发展成绩。在全面实施乡村振兴的国家战略背景下,乡村旅游将进入高质量发展的新阶段。在高质量发展阶段,支撑乡村旅游的动力系统也出现了新的要素和特点。

第一节　动力系统的构成及内在逻辑

一、乡村旅游动力系统

动力系统是解释推动某事物运行发展的原因与力量。乡村旅游高质量发展动力系统具有复杂性和开放性,在乡村旅游发展的不同阶段与时期,其构成要素也在不断地变化。最初,学者对乡村旅游动力研究主要集中在乡村旅游资源的开发与规划。20 世纪 80 年代后期,学者开始关注对乡村旅游动力系统的研究(Leiper,1995[1];Fleischer&Pizam,1997[2])。彭华是国内较早对旅游动力系统展开研究的学者,其认为旅游发展动力模型是由需求系统、引力系统、中介系统、支持系统构成的一种主导动力模型[3]。Gunn 提出供给和需求是旅游系统中两个最基本的子系统,其中供给子系统包括吸引物、促销、交通、服务和信息五个要素[4]。Ann-Mette Hjalager 构建了以产业、政策、基础设施和技术为子系统的旅游业创新传递机制系统模型[5]。在此研究基础上,学者构建了包括需求、供给、媒介、支持和决策五个子系统的乡村旅游发展动力系统结构模型(段兆雯,2012[6];张永强等,2015[7])。基于以上研究,本章从系统功能角度出发对乡村旅游高质量发展动力系统进行剖析。城市居民、农民、政府、旅游产业作为乡村旅游的主体,彼此间的诉求形成了乡村旅游的资源供给力、需求拉动力、转型升级驱动力、政策配套扶持力四个子系统,子系统之间相互影响,相互促进,形成合力,共同推动乡村旅游高质量发展。

二、乡村旅游高质量发展的动力系统构成分析

旅游活动本就是由不同子系统构成并且相互作用的巨系统。根据乡村旅游子系统所处的不同功能,将其分为资源供给力、需求拉动力、转型升级驱动力、政策配套扶持力四个部分。乡村独特的自然资源和人文资源构成乡村旅游系统的供给力,城市居民和旅游者的乡村需求构成乡村旅游发展的拉动力,乡村旅游发展中的低水平等问题构成其转型升级的驱动力,"三农"问题、脱贫攻坚和乡村振兴战略下出台的一系列政策是乡村旅游动力系统的政策配套扶持力。

（一）资源供给力

乡村旅游业发展成功的核心基础动力因素是丰富的乡村资源供给力。资源供给是乡村旅游发展的推动力,是乡村旅游开发和发展的基础。资源供给力和需求拉动力两个因素共同作用,从而促进旅游业规模的扩大和质量的提升。乡村旅游以乡村独特的自然资源和人文资源为依托,以其乡村性吸引城市居民进行反向旅游。随着旅游业的快速发展,旅游市场竞争越发激烈,促使旅游企业开发新的旅游市场和旅游产品。旅游产业开始向乡村扩张,从而吸引了更多企业投资,优化了乡村旅游环境,促进了乡村旅游产品的改革和创新,推动了乡村旅游产业的发展。乡村丰富的旅游资源是乡村旅游开发的基础条件。乡村旅游资源的独特地域性和文化风俗习惯是激发旅游动机的重要因素,使潜在需求变成实际购买力。

（二）需求拉动力

市场需求子系统作为乡村旅游系统的基础动力之一,是乡村旅游的拉动力量。城市生活和乡村生活环境之间的差别,吸引众多城市居民暂时离开城市,到乡村暂居。城市居民是乡村旅游发展的源动力,是乡村旅游赖以生存的前提条件。随着经济社会不断发展,居民的消费结构的转变,城市居民拥有越来越多的闲暇时间,强有力地推动了城市周边乡村旅游的发展。人们对于乡土生活、健康生活以及乡村文化的诉求,进一步拉动了乡村旅游产业的消费市场。特别是受疫情影响,乡村旅游成为率先复苏的旅游市场。此外,城市生活的压力和快节奏,使得旅游者

产生"逃离城市"的想法,农村优越的生态环境和悠闲的生活情趣吸引大批游客到乡村旅游,亲近自然。

（三）转型升级驱动力

随着我国经济增长结构和产业增长方式的转变,乡村旅游产业迫切需要转型升级以保证乡村旅游的高质量可持续发展。十九大报告提出乡村振兴战略为解决"三农"问题提供了理论指导[8]。乡村旅游作为乡村经济发展新的增长点,是以"三农"资源为载体的新兴业态,支撑着乡村经济的可持续发展。促进乡村旅游发展和转型升级是解决"三农"问题的切入点,是实现乡村振兴的重要突破口。

乡村旅游快速发展的时期,也存在低水平发展、产业融合度不够等问题。在开发乡村旅游的过程中,许多开发商没有遵循"因地制宜""科学规划"的原则,盲目开发,导致乡村旅游产品同质化现象严重。由于乡村旅游初期开发进入门槛低,从业人员多为农民,缺乏管理意识和环保意识,发展理念陈旧,导致乡村旅游低水平同质化建设成为普遍现象。经济新常态下,游客需求趋向于多样化与个性化,产品更新迭代快。但是乡村旅游发展一定程度上还维持着旧的发展方式,与农业、体育、娱乐业和文化等产业的融合深度不够,创新不足,缺乏新产品、新项目,乡村旅游产业的有效供给不足,无法满足旅游者的多样化与个性化的需求。

（四）政策配套扶持力

政府积极制定相关政策,指导和推动乡村旅游的发展。2021年中央一号文件提到了"打造乡村旅游精品线路""实施数字乡村建设发展工程""发展休闲农业"等措施[9],从资金投入、用地供给、基础设施建设等要素供给,产业规划、文化传承、生态保护等环境制度,以及鼓励消费、市场培育、试点示范等市场需求三个方面,对乡村旅游发展进行有序引导、扶持、保障和调节,基本构建了乡村旅游政策体系[10]。新农村、脱贫攻坚、乡村振兴、城乡融合等理论指导,为乡村旅游的发展提供了良好的政策环境和氛围,为乡村旅游的高质量发展提供持续的辅助动力。

三、乡村旅游动力系统内在逻辑与联系

在乡村旅游发展动力系统中,资源供给力、需求拉动力、转型升级驱动力、政策配套扶持力四个子系统之间相互影响、相互作用。需求子系统和供给子系统作为基础动力,供给子系统通过开发乡村旅游资源,向旅游市场提供旅游产品,刺激游客产生需求,离开日常居住地进行乡村旅游消费,使游客需求得到满足。乡村旅游系统转型升级的驱动力,刺激乡村旅游目的地进行产品创新和转型升级,以满足游客多样化和个性化需求。只有游客多样性和个性化需求得到满足,资源供给力、需求拉动力、转型升级驱动力、政策配套扶持力四个子系统的利益相关者才能获得更多经济利润,从而推动乡村经济和乡村旅游的发展。

政策配套扶持力子系统为乡村旅游环境的发展提供良好的政策支持,以保障乡村旅游环境的顺利进行和可持续性发展。对资源供给力和需求拉动力系统而言,一方面,政府通过制定相关政策法规约束旅游企业和景区的行为,以使游客的合法权益获得保护。另一方面,政府通过政策支持鼓励乡村旅游和相关企业的发展,以保障乡村旅游的顺利发展。

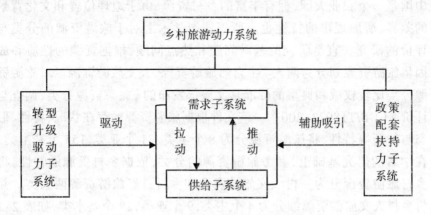

图 2-1　乡村旅游高质量发展动力系统

第二节 丰富的乡村资源供给力

在中国旅游业发展过程中，乡村是极为重要的组成部分。中国是农业大国，截至 2021 年乡村人口有近五亿，占比 36.11%。乡村旅游资源种类多样、数量丰富、分布广泛，且具有独特的文化内涵，既有自然形成的江河湖泊，又有历史遗留的古城遗址。我国历史悠久，民族众多，在不同的地理环境和历史环境下，形成了独特的民俗习惯和生活模式。这些旅游资源对世界各地的游客都有着较大的吸引力，是推进中国乡村高质量发展的宝贵财富，也为乡村旅游高质量发展提供了丰富的资源供给力。

一、乡村旅游资源分类体系

丰富而多样的乡村旅游资源是实现乡村旅游高质量发展的前提。中国是一个农业大国，拥有丰富的乡村资源，由于地理位置和文化背景的差异，所展现出的特性也有所不同。学术上对于旅游资源的分类与评价的研究一直是研究的基础问题和热点问题，根据资源的性质和成因将旅游资源划分为两大类：自然旅游资源、人文旅游资源。对旅游资源分类比较权威和典型的标准是文旅部发布的《旅游资源分类、调查与评价》（GB/T18972-2003）。该文件根据旅游资源的存在状况、特性、形态与特征等特性，将旅游资源分为 8 个主类、31 个亚类、155 个基本类，在学者的研究基础上，参考旅游资源的分类，依据乡村资源的特性，将乡村旅游资源分为乡村人文旅游资源和乡村自然旅游资源两大类。并将乡村人文旅游资源细分为 4 个主类，9 个亚类，28 个基本类，如表 2-1 所示；将乡村自然旅游资源分为 1 个主类，3 个亚类，7 个基本类，如表 2-2 所示。

表 2-1 乡村人文旅游资源主要类型

主类	亚类	基本类	典型案例
乡村民俗文化资源	物质文化资源	乡村服饰	苗族、土家族、维吾尔族、藏族等少数民族服饰
		传统美食	长安盆菜、陕西荞面饸饹、柞水糍粑、峡江米粉、修水哨子、柴沟堡熏肉等
		手工艺品	苏绣、蜀绣等手工刺绣；东阳木雕、广东金漆木雕、福建龙眼木雕等；延安剪纸、佛山剪纸、扬州剪纸等
	非物质文化资源	传统节日	花山节、泼水节、酥油花灯节、火把节、铜鼓节等
		特色文化	巴蜀文化、齐鲁文化、河洛文化、江淮文化等
		民间艺术	浙江皮影、景德镇陶瓷、川剧、陕西民歌、徐水狮舞等
乡村历史遗迹资源	历史古迹	古城遗址	商丘古城、平遥古城、荆州古城、凤凰古城等
		石窟	金塔寺东西窟、云冈石窟五六窟、龙门石窟宾阳中洞、巩义市石窟一号窟、莫高窟等
		墓群遗址	狮子山楚王墓、大堡子山墓群、泰安大汶口遗址、章丘城子崖遗址、满城汉墓等
		宗庙祠堂	陈家祠堂、胡氏宗祠、德远堂、太原晋祠、成都武侯祠、广州陈家祠等
		红色遗址	延安革命遗址、瑞金革命遗址、井冈山革命遗址、西柏坡革命遗址、红岩村等
		历史文物	佛指舍利、铜车马、后母戊大方鼎、金缕玉衣、越王勾践剑、素纱襌衣等
		遗址公园	隋唐洛阳城国家遗址公园、明城墙遗址公园、大报恩寺等
	民俗建筑	古建筑	北京四合院、围楼土寨、吊脚楼、窑洞等
	名人文化	名人故居	杜甫草堂、郭沫若故居、三毛故居、鲁迅故居等
乡村生活聚落景观资源	村落景观	农村景观	婺源古村落、安徽宏村、福建培田古村、元阳箐口哈尼族民俗村、肇兴侗寨、新疆图瓦村、甲居藏寨等
		牧村景观	哈登布拉格小木村、内蒙古奥奇牧村、牧村土林、江布拉克等
		渔村景观	青岛青山渔村、三亚的后海渔村、平潭钱便沃渔村、上海金山嘴渔村、象山县石浦渔村等
		山村景观	安徽石县大山村、凤凰县扭仁村、临安指南村、修武县双庙村等

续表

主类	亚类	基本类	典型案例
旅游型集镇景观		特色小镇	秦皇岛市卢龙县石门镇、吕梁市汾阳市杏花村镇、杭州市桐庐县分水镇、丽水市莲都区大港头镇、贵阳市花溪区青岩镇等
		休闲农庄	长鹿旅游休博园、杭州湾海上花田生态旅游度假区、三圣花乡、光明农场大观园、西海岸生态观光园、福清天生农庄等
		田园综合体	无锡阳山田园综合体、迁西花乡果巷田园综合体、襄汾田园综合体、沂南县朱家林田园综合体、武夷山市五夫镇田园综合体等
生产劳作景观资源	田园风光	田园风光	广西龙脊梯田、浙江云和梯田、云南元阳梯田、湖南紫鹊界梯田、霍城薰衣草花海、金阳索玛花海等
		林区风光	荔波喀斯特森林、蜀南竹海、轮台胡杨林、波密岗乡林芝云杉林、天山雪岭云杉林、长白山红松阔叶混交林、尖峰岭热带雨林等
		草场景观	呼伦贝尔大草原、坝上草原、喀拉峻草原、锡林郭勒大草原、西藏那曲高寒草原等
		城郊景观	炮台湾湿地森林公园、红海滩、九寨沟风景名胜区、剑门关风景区、千岛湖、南普陀寺等
	农事劳作景观	乡村农耕文化景观	金华农耕文化园、赵家渡农耕文化产业园、苏州江南农耕文化园、阿农湾农耕文化园、华北农耕文化产业园等
		现代科技应用景观	南京现代农业园、贵州余庆白泥坝区现代农业园、邛崃康绿鲜生态农业庄园、太仓现代农业园等

表 2-2 乡村自然旅游资源主要类型

主类	亚类	基本类	典型案例
自然资源	景区公园	湿地公园	巴音布鲁克湿地、三江平原湿地、西溪湿地、若尔盖湿地、向海湿地、鄱阳湖湿地、东寨港红树林湿地等
		森林公园	张家界国家森林公园、西双版纳原始森林公园、海螺沟冰川森林公园、白云山国家森林公园、天门山国家森林公园等
	地貌资源	峡谷	恩施大峡谷、安集海大峡谷、金沙江虎跳峡、怒江大峡谷、太行山大峡谷等
		山川瀑布	赤水瀑布、黄果树瀑布、四川螺髻山九十九里温泉瀑布、五台山、峨眉山、普陀山、九华山等

续表

主类	亚类	基本类	典型案例
		岩洞	安顺龙宫、鸡冠洞、芙蓉洞、金狮洞景区、雪玉洞、白云洞等
	水域景观	湿地	孟津黄河湿地、若尔盖湿地、黄河三角洲湿地等
		河流	长江、黄河、珠江等

二、乡村旅游产品类型

乡村旅游资源只有经过开发、设计,才会变成适应乡村旅游消费者需求的乡村旅游产品。我国乡村旅游产品在地理空间分布、特征属性、资源供给、市场需求、发展趋势、旅游消费等方面都有其独特性,能满足不同类型、不同目的的乡村旅游消费需求。根据乡村旅游产品和服务的特性,综合众多学者的研究,我国的乡村旅游主要产品类型可划分为:现代农业型、休闲农庄型、康养休闲型、主题教育型、文旅融合型。

(一)现代农业型

现代农业是政府高度关注的重点,2020年的中央一号文件提出了加快独具特色的现代农业产业园区建设,努力推进农业农村产业融合发展等重大战略部署。日本、荷兰等国家在开发乡村旅游产品时积极引入科技手段,推动农业现代化进程。近年来,我国开始建设一批现代科技农业园区,促进乡村旅游的发展。"农业 + 旅游"的模式拉长了传统乡村发展的价值链条[11],是新时代促进乡村振兴的重要手段和方式。现代农业型乡村旅游产品包括农业观光园、农业产品展览馆、科技生态园等形式。其主要特征有:

1. 休闲观光游览

现代休闲农业型乡村旅游具有休闲体验和观光游览的作用。其依托乡村独特的地理位置和自然生态环境,将乡村农业和科学技术、休闲体验、观光度假等有机地结合,开展手工自制活动、农事体验互动等参与性活动。

2. 农业技术展示

在开展现代农业型乡村旅游时,可以充分展示当地的农业生产过程、农业技术、产品等,使游客能够更好地观光。

3. 普及科技教育

现代农业型乡村旅游在现有的农业科研基地基础上,将相关设施作为重要景点,将先进的农业科研技术作为教育内容,构成融合教育、展示、生产的综合性科教农业园[12]。

（二）休闲农庄型

乡村振兴战略为休闲农业和乡村旅游带来了新的机遇。近年来,许多会议和活动都在农场庄园里举办。这种模式以区域特色生态作为依托,结合农、林、牧、渔等因素进行产业经营,融合现代农家生活和农村特色文化的休闲场地,给旅游者提供农业体验和休闲生活的休憩场所[13]。休闲农庄型乡村旅游将旅游和休闲农业进行了很好的融合,以此促进相关产业的发展。休闲农场模式通常适合在农业产业规模效益显著的地区开展,在休闲体验和观光的基础上,扩展"吃、住、购"等领域,以产生协同效益。其主要特征有:

1. 复合性和综合性

休闲农庄是以农业技术、农业景观、农事体验为基础,与住宿、餐饮、购物等领域融合的一种运作模式。休闲农庄旅游开发具有多元化的形态,其涵盖第一、第二、第三产业,能够满足游客的差异化需求。

2. 多元化收益形式

休闲农庄是一种典型的复合体,它将资本和劳动进行了有机融合,相关投资方和农民都可从中获得利益。农民可以通过土地租赁、在庄园内部工作等方式获取收益;投资方则可获得来自农业、食宿、购物、娱乐等领域的相关收入。

（三）康养休闲型

在健康中国战略的大背景下,乡村康养休闲旅游作为一种新业态、新模式,推动了健康产业和旅游产业的发展。乡村具有良好的生态环境和独特的文化氛围,成为退休人群最佳的旅游地。在乡村振兴战略和健康中国战略的背景下,实施"康养+"的乡村生态康养旅游发展模式,是解决当前乡村旅游发展困境的关键举措。我国许多乡村地区依托森林、河流、大山、温泉等资源优势,建设森林康养基地、养生度假区、温泉度假中心等,开展慢生活的体验模式,并推出太极养生、温泉疗养、森林康养、文化疗养等康养旅游产品[14],满足了游客多样化的需求,使其获得身心放松和愉悦,并在一定程度上带动了乡村经济的发展。其主要特征有:

1. 以"关注生命"为目标

康养休闲型乡村旅游和传统的旅游方式具有一定的区别,乡村康养休闲旅游是旅游的深度体验,是由健康养生衍生出来的新型旅游形式。乡村康养旅游的主要目标和出发点就是关注生命和健康。康养休闲旅游更加注重让游客脚步"动起来"、身体"住下来"、内心"静下来"[15]。

2. 以"健康管理"为载体

康养休闲旅游通过科学地制定个性化的健康服务,与养生文化、饮食文化、中医道养生、运动科学等元素充分融合,以实现改善、增进和保持游客身体和心理健康的目的。

(四)主题教育型

政府政策的扶持和日渐成熟的消费市场,对乡村旅游提出了更高的要求。教育旅游作为一种旅游体验形式,参与者通过与目的地的互动体验,使得休闲旅游和学习一同发生[16]。乡村旅游具有回归自然、润物无声的特点,可以将思想政治教育、民俗文化教育、情感意志教育、生态环境教育很好地融入其中。因此,近年来,很多地方开发出具有主题教育意义的乡村旅游产品,受到了市场的青睐。主题教育型旅游以时间拓展和学习知识为主要内容,以教育性和体验性为主要特征。在文旅融合的大背景下,乡村旅游和农场旅游向娱乐教育类休闲活动方向发展,通过体验传统文化和历史,以达到教育的目的。目前,教育式乡村旅游主要有文化体验、红色教育等主题形式。其主要特征有:

1.教育性

主题教育式乡村旅游是让游客在旅游中拓宽视野,提高能力,以教育为主要目标。教育性是这类乡村旅游模式的核心特征,通过旅游景点的文化渲染、故事讲解,了解目的地背后的故事和历史。

2.体验性

体验本就是旅游活动的基本属性之一。主题教育式乡村旅游对体验性提出更高的要求。游客在游览景点的过程中,除了视觉上的震撼之外,与目的地间的互动会使游客对其历史文化和技艺有更深的理解,获得精神震撼,从而达到教育的目的。

(五)文旅融合型

2018年,文化和旅游部正式挂牌成立,进一步提出了文旅融合体制与乡村旅游机制创新等一系列新命题。文化是乡村旅游发展的核心,文旅融合加速了乡村旅游高质量可持续发展。乡村文化是乡村旅游发展的根与魂,乡村文化的独特性以及根植在游客心中的乡村记忆促进着乡村旅游的不断发展。文旅融合型乡村旅游产品,以乡村文化特色为基础,通过乡土建筑改造,建设乡村民宿和客栈,融合旅游地较有底蕴和内涵的民俗风情,为游客提供独具特色的体验[17]。文旅融合型乡村旅游是乡村民族特色与现代文明的融合,其依托独特的地理位置和建筑风格,通过手工艺品和节事活动发扬民族文化,让传统文化得到继承。其主要特征有:

1.地方性

民俗文化源于世代民众的传承,很多地方的乡村都因为自身独特环境形成了极具地方特色的文化习俗。不同地区和时代背景下的民俗文化都具有自身特点,成为具有鲜明地方特色的旅游资源。

2.传承性

文化具有代际传递效应,是人类活动在一定区域内经过历史沉淀下来的人文反映,是当地文化的象征。乡村文化对我国优秀民间文化进行传承,能对传统文化精神进行延续。

表 2-3　乡村旅游产品主要类型

乡村旅游产品类型	特征	典型案例
现代农业型	休闲观光游览、农业技术展示、普及科技教育	秦皇岛集发农业梦想王国、上海孙桥农业区、昌吉农业科技园区
休闲农庄型	复合性和综合性、多元收益形式	台湾台一生态休闲农场、上海闻道园、岩藤农场
康养休闲型	以"关注生命"为目标以"健康管理"为载体	首健国际苏州康养基地、仙居谷森林康养基地
主题教育型	教育性、体验性	郑州熊孩子森林营地、安徽省合肥市燕域田园
文旅融合型	地方性、传承性	丽江古城、晋城司徒小镇、江苏天目湖景区

第三节　强大的消费需求拉动力

我国经济快速发展,居民消费水平不断提高,城市和乡村之间的时空距离不断缩短,乡村旅游产业逐渐成为中国旅游业的重要支撑。人们闲暇时间的增多、游客旅游行为的转变、旅游人次的增多、消费收入的改变[18]等因素成为乡村旅游消费需求的强大拉动力。

一、闲暇时间增多

我国居民的闲暇时间经历了从单休日到双休日,再到以黄金周为代表的长假的演进过程[19]。1999 年,国家修订《全国年节及纪念日放假办法》,正式开始春节、"五一"、"十一"黄金周。2007 国家再次对法定节假日的休息时间进行调整,减少"五一"国际劳动节休假天数,并增加清明节、端午节、中秋节为国家法定节假日。目前,我国全年休假时间共有 115 天。双休和黄金制度的实行,激发了城镇居民的出行意愿。节假日时间的调整使人们闲暇时间增多,也引起我国旅游供需关系的转变。

旅游具有异地性的特征,这就决定了其耗时性。闲暇时间的增多,为实现旅游提供了一个重要的前提条件。

闲暇时间的不同阶段,我国旅游业也呈现出不同的发展特征。1994年以前,我国居民收入水平较低,闲暇时间较少,此时旅游业主要从外事接待到发展入境旅游转变;1995—1999年,城镇居民的恩格尔系数逐步降低,旅游业被确定为国民经济新的增长点;1999—2007年人们出现强烈的出游动机,并且在黄金周期间供给和需求出现矛盾;2008年之后,我国经济水平发展,旅游向着休闲功能转变[19]。

近年来,我国旅游业的快速发展也充分证明了闲暇时间的变化对于旅游市场的影响。节假日"黄金周"的出现也改变了人们的出行规律,屡次出现黄金周"井喷"的现象。2019年国庆期间,全国接待国内游客数量达7.82亿人次,同比增长7.8%,实现国内旅游收入6497.1亿元。近两年受疫情的影响,旅游市场陷入低迷。但根据文化和旅游部数据中心的计算,2021年"五一"假期,全国国内旅游出游2.3亿人次,按可比口径恢复至疫情前同期的103.2%,实现国内旅游收入1132.3亿元[20]。闲暇时间的增多带来了更大规模的旅游消费需求,进而推动整个旅游产业的发展。

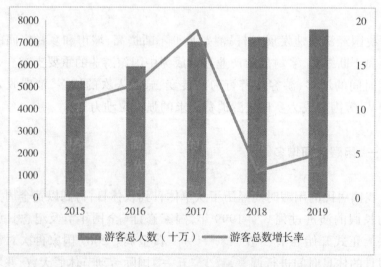

图2-2 2015—2019年国庆黄金周游客总数与同比增长率

此外,乡村道路的优化和私家车的普及使得乡村旅游的出行时间缩短,使乡村旅游更为便捷。近年来我国大力提升农村公路的畅通能力,政府部门出台多项政策支持农村基础设施建设。目前,全国农村公路 "路长制" 县级覆盖率达到 89.26%,等级公路比例由 88.9% 提升至 95.6%,优良中等路率由 80.4% 提升至 87.4%。随着居民生活水平的提高,汽车的普及度也越来越广,超两亿人拥有私家车,仅仅 2021 年上半年新注册登记机动车便有 1871 万辆,达到历史新高。这些因素缩短了游客的路上时间,使其拥有更多的闲暇时间在目的地进行旅游活动。

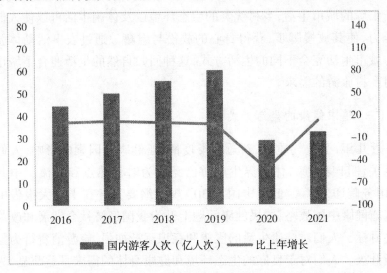

图 2-3   2016—2021 年国内游客人数及其增长速度

二、旅游行为改变

(一)乡土生活的回归诉求

随着城市化和工业化进程的快速发展,城市人口不断增加,居民生活水平提升,消费模式也发生转变。面对冷漠和快节奏的城市生活,人们失去了自我与土地的归属感。城市居民的行为方式发生了改变,产生了想要逃离单调、重复、紧张的城市生活的想法,由此构成了乡村旅游的动机。富有田园风光和浓厚乡情的乡村能够激起人们心底的归属感,找回迷失的本质自我。基于人地关系的亲土习性和身份认同心理结构的传统需求主要表现为田园理想的精神追求、身份认同的寻找、人性根基的回归、文化与传统的皈依 4 种行为心理[21]。

与此同时,我国处于人口老龄化阶段,传统形式的居家养老生活已经无法满足现代社会老年人的需求,相较于居家养老,老龄化人群更喜欢休闲舒适的乡村康养旅游生活。我国乡村旅游的客源里,中老年游客占比较高。这些游客大多都拥有一段乡村生活的记忆,这就成为其展开乡村旅游生活重要的需求拉动力 [22]。

由于个人、社会、家庭等各方面的原因,人们无法回到乡村建造理想田园,而乡村旅游为人们提供了一种可以短暂享受田园生活的方式。相较于忙碌的城市生活,乡村优美的生态环境以及休闲生活可以使人们减轻压力,使其放慢脚步,获得身心的放松与慰藉。通过农事活动体验一个与城市生活完全不同的生活方式,这种回归自然的生活迎合了城市居民对乡村旅游的需求。

（二）追求健康的生活方式

近几年,受空气质量、新冠肺炎疫情、亚健康等因素的影响,人们越来越关注自身健康,休闲养生旅游已经成为时代热点和潮流。中共中央、国务院印发了《"健康中国 2030"规划纲要》,并在十九大报告中提出实施健康中国战略,国民健康问题上升为我国经济社会发展和改革的重要目标。人们对健康生活的愿望和意识逐渐加强,旅游消费行为层次逐渐升级。人们对于良好的生态环境和健康身体的需求日益凸显,为乡村旅游发展提供了强大的动力。乡村旅游作为现代旅游产业未来发展的重要方向,近年来一直是人们缓解城市环境和生活带来的压力和紧张感的首选 [23]。

乡村拥有优良的生态环境、淳朴的乡土文化、轻松的生活氛围以及返璞归真的生活方式,能够有效地缓解当代人的生活压力和亚健康问题,乡村旅游也逐渐成为健康旅游方式的首要选择。随着乡村旅游经济的不断发展,大众参与式乡村旅游已经超越农家乐形式,向观光、休闲、文娱复合型转变,既包含自然景观又具有人文情怀的健康旅游新形式使得大众参与式乡村旅游的潜在消费者市场日益扩大 [24]。乡村旅游也开始开辟以健康为主题的旅游项目,以满足人们回归自然的心理需求。乡村生态旅游与乡村康养旅游不断融合,通过美容养颜、康健体魄、修身养性、营养膳食、保护环境等各种手段 [14],使人身心达到自然和谐的良好状态。

（三）乡村文化的需求

随着我国经济的快速发展，人们在物质需求获得满足的前提下，开始追求精神层次的消费。乡村文化是乡村旅游的本质属性，它可以使旅游者所追求的精神陶冶和文化体验获得有效满足。由于我国地大物博，各地民俗文化差异较大，民俗文化旅游开发资源基础丰富，独特性强，发展优势明显。即使同一种民俗，在不同地区和时代背景下都会有自身特点。乡村文化具有质朴性和独特性，其展示的风俗习惯、服饰、居所、节日、宗教、歌舞等民俗，具有强烈的吸引性，满足了游客想要体验乡土风情的需求。乡村文化旅游旨在提供健康丰富和独特的文化旅游产品，满足人们的精神需求。乡村文化旅游通过提供社会缺少的文化底蕴，给游客带来社会缺乏的、大众渴望的、独特的情感体验[25]。

三、居民收入水平提升

近几年，我国经济发展势头良好，居民可支配收入也在不断增长，消费能力有了显著提升，改善型和享受型的消费预算增加，旅游逐渐成为人们生活的一个基本组成部分，我国旅游产业得到快速发展[26]。2017年国内旅游人次50亿人次，居民可支配收入25974元，2018年国内旅游人次55.4亿人次，居民可支配收入28228元，2019年国内旅游人次601亿人次，居民可支配收入30733元。由此可见，居民的收入水平持续正向刺激旅游消费市场。虽然城市居民和农村居民在收入水平上存在较大差距，但随着收入的增长，农村居民的旅游热情也在不断升高。国家统计局发布国民经济和社会发展统计公报，公报显示2006年我国城镇居民恩格尔系数为35.8%，农村居民的恩格尔系数为43.02%；2020年我国城镇居民恩格尔系数为29.2%，农村为32.7%。这表明我国居民的生活方式和消费结构发生改变，其消费支出比重逐渐向享受型产品转变。

近年来我国经济高速发展，人们精神消费需求层次日渐上升。游客更加关注于旅游产品的形式和特色，对旅游目的地质量和品质的要求越来越高，游客消费心理呈现出多样化、品质化、个性化的特征。在休闲旅游的大背景下，乡村旅游受到广泛关注。随着乡村旅游的不断发展，乡村旅游产品的内容和形式也在不断丰富。文化、健康、体育、生态等产业相互融合的乡村旅游模式,扩展了乡村旅游的受众群体,拓宽了乡村旅游的市场,吸引越来越多的游客前来体验。

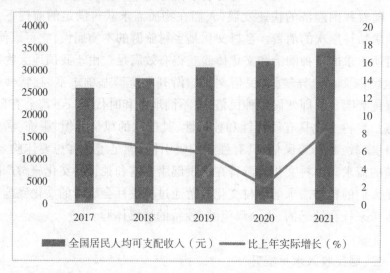

全国居民人均可支配收入(元)　　比上年实际增长(%)

图 2-4　2017—2021 年全国居民人均可支配收入及其增长速度

第四节　迫切的转型升级驱动力

随着社会经济的高速发展,居民消费水平的提高,游客对于乡村旅游的需求也在不断改变,对乡村旅游产品提出了新的要求。目前,我国乡村旅游存在低水平发展以及产业融合度不够等问题。乡村旅游产品同质化严重、服务体系不完善、乡村资源被过度开发等问题迫使乡村旅游必须走高质量可持续发展的道路。在产业融合的大背景下,我国乡村旅游在科技创新、人才培养、品牌营销等方面都有较大的提升空间。

一、低水平发展驱动乡村旅游转型升级

(一)产品同质化严重

目前,乡村旅游主要形式还是农家乐,缺乏对文化内涵的深入挖掘,

产品同质化严重。大部分地区的乡村旅游项目还是以农产品采摘、体验农事活动、农家美食品尝、休闲钓鱼等项目为主,大部分地区的乡村旅游模式不能满足游客特色化和多样化的旅游消费需求。中部和西部地区的乡村旅游主要经营农家乐、温泉度假、休闲采摘,东部沿海地区主要运作海滨浴场、海鲜美食等[27]。在乡村旅游开发过程中,由于当地缺乏正确引导与合理规划,造成产业布局较为分散,各地开发者盲目照搬和模仿,缺乏对本地资源的深入探析和当地民俗文化的深入挖掘与融合,没有设计出适合当地特色的主题来支撑产品,不仅没有为乡村旅游的发展提供优势,反而降低了乡村旅游的体验品质。乡村旅游的本质是乡村文化的体验,由于地理位置、社会环境和时代传承等原因,乡村文化都具有其独特性。在文旅融合的时代背景下,在开发乡村旅游的过程中,要挖掘藏在民俗习惯和风情背后的内涵,合理利用当地的特色节日和服饰,并融合在乡村旅游产品的设计中。

(二)服务体系不完善

随着大众和休闲旅游时代的到来,乡村旅游公共服务供给从单一的便民服务转向高质量、全方位的旅游体验服务。现在乡村旅游体系还存在供给不足、基础设施不完善、信息化程度低等问题。首先,基础设施不完善。城市居民选择乡村旅游,体验田园时光,并不意味着他们愿意感受卫生环境差、服务设施不完善等问题。乡村旅游多数景点都处于较偏僻的地区,由于经济条件等多方面原因的限制,乡村仍然存在公路不通、质量差等问题。其次,"住、购、娱"配套设施不足。乡村旅游的经营者大多是村民,没有接受过专业和系统的培训。因此,在卫生安全和服务设施配套等方面,难以满足游客的需求。此外,乡村旅游的主要特点就是体验休闲生活,许多景区休闲娱乐配套设施缺乏。最后,信息化程度低。由于乡村所处地理位置的偏僻和经济环境水平较低,存在旅游信息数据采集不足、信息调度时滞、线上和线下渠道信息不一致[29]、信息更新缓慢等问题,严重影响游客的体验感。

(三)乡村旅游过度开发

一方面,由于乡村旅游开发者大多以营利为目的,部分地区缺乏管理经验和专业人才,对自然资源无节制地开发利用,忽视乡村旅游资源自身的孕育需求以及乡村生态系统服务价值的提升,对生态环境造成严重破坏。国内大部分基层政府在发展乡村旅游时，都难以站在更高的战略定位上看待乡村旅游，没能充分意识到乡村旅游产业是统筹解决"三农"问题的重要措施，而只是简单把发展乡村旅游作为一种增加经济收入、脱贫致富的手段。乡村旅游资源的难以恢复性和易破坏性要求管理者必须提高环保意识。另一方面，游客缺乏环保意识，随意丢弃垃圾，破坏生态资源，景区管理缺乏资源保护政策和对此类行为的惩罚措施，侧面加剧了生态环境的破坏。另外，乡村旅游开发中，过多地引入城市符号和元素，违背了游客体验乡村之美的需求。乡村旅游开发过程中，过多地将重点放在基础设施的大建设、大项目上，忽略真正能够体现区域特色的文化符号。乡村旅游发展的关键就是保留乡村优美的生态环境和当地居民的风俗习惯。乡村旅游过度城市化的开发，使乡村失去了本来的味道。

二、产业融合驱动乡村旅游转型升级

基于产业融合的大背景，乡村旅游与农业、体育、文化等产业的融合已经成为推动我国经济发展的重要途径。《乡村振兴战略规划（2018—2022年）》中明确指出"培育农村产业新业态，打造农村产业融合发展的新模式，推动要素跨界配置和产业有机融合"，乡村旅游便是主要的发展方向之一[14]。在乡村振兴的大背景下，通过鼓励科技创新、建设产业联盟、培养综合型人才、加强品牌营销等举措，优化乡村旅游与相关产业的融合机制。

（一）建设产业联盟

站在产业融合的角度整体来看，我国乡村旅游发展缺乏宏观指导和整体运营。因此，需要多维度合作推动产业融合。首先，发挥政府的统领作用。立足于各地的乡村旅游资源和文化民俗资源，联合高校机构、农业部门、文化产业部门等，结成战略联盟，并由综合实力较强的旅游企业牵头规划，实现资源和信息共享。应强化政策支持，以政府为主体设置优惠补贴、技术支持等政策，推动融合项目的宣传推广，以鼓励产业融合模式。其次，建立多元化的混合式联盟[29]。将不同业务性质和经营类型的主体结成联盟，结合实际选择经营和联盟方式，通过相互合作、信息共享，提高经营收入，提升融合效果，实现其可持续发展。提高产业链是乡村旅游转型升级的重点环节,从低端向高端攀升,提高产品附加值。通过特色产品深加工,提高乡村旅游产品的附加值和竞争力。

(二)鼓励科技创新

利用先进的科技手段,实现产业融合成果的转化。在乡村旅游产业融合时,可融入 VR、AR、MR 等科学技术手段,打造高附加值、精品化、科技化的旅游项目和产品体验。积极运用人工智能、5G、大数据等先进技术来提升乡村旅游产业与生态农业、文化产业、体育产业等的融合深度,积极面向这些产业构建信息共享平台,结合消费者多元化、个性化需求,借助于数据联通、系统分析、信息共享和深度挖掘等,开发线上直播、云观光等线上旅游项目,提升游客的满意度。保持产品开发中的当地特色和文化,利用文化特色吸引游客,通过设计特色化、差异化的产品,使游客获得震撼的视觉享受和愉悦的精神体验,体验到多元的产品内容。乡村旅游不仅为游客提供休闲度假的场所,同时还应与生态康养、娱乐演出等诸多行业相结合,产生更强的经济效益。

(三)培养综合型人才

乡村旅游服务工作人员普遍存在素质低下的问题,因此政府、高校和景区管理者要重视工作人员的教育与培训,提高其服务意识。人才缺乏是制约乡村旅游产业融合的重要因素。随着乡村旅游产业融合的不断推进,对人才素质的要求也会越来越高。产业融合后的乡村旅游要求服务人员掌握多类型的服务能力,以及对旅游市场的高敏锐度与深厚的文化素养。但是在现有的乡村旅游服务人才的培养体系中很少有针对复合型人才的培养模式。这就要求构建产教融合、校企合作、工学结合的创新培养模式,实现人才培养与时代、行业和岗位间的对接,从而满足产业融合后乡村旅游的人才需求。增强乡村旅游专业,强化学生的职业能力培训。在专业和方向的设置上,建议有条件的院校可以增加"乡村旅游与农业服务""乡村旅游"等专业。对课程培养体系进行创新改革,强化理论与实践的结合。人才培养机构应该根据市场需要,对人才培养体系、方案和课程进行及时调整和修订。

(四)加强品牌营销

市场是乡村旅游产业发展的生命线,乡村旅游产业转型策略必须符合市场的发展动向,根据市场特点和游客的消费需求倾向,科学合理地规划乡村旅游产品的市场定位和乡村旅游总体战略。借助线上和线下双重推广模式,对乡村旅游项目和产品进行宣传。线上可以利用微信、官网、微博、抖音等新媒体,线下可以利用宣传册、报纸、广播、新闻、会展等多种方式。例如,乡村旅游在和农业融合时,可通过互联网全方位地展示农产品的制作过程和制作工艺,提高其知名度。通过加大促销力度,提高市场收益和乡村旅游目的地知名度;建立旅游服务平台,通过资源整合、跨界合作的方式,推动乡村旅游产业融合智慧化的推进。培养一批高素质、业务能力强的专业人才,建设完善的营销体系,推动营销工作的顺利开展。在实现了针对乡村旅游产业与农业、文化、体育等产业宣传推广的基础上,还应该有效宣传多个产业的融合,并引导相关产业、企业、大众认可并践行,提升大众对产业融合的认知[30]。

第五节　持续的政策配套扶持力

政策是政府组织以权威形式规定在一定历史时期内应该达到的目标、原则、任务、方式、步骤和措施,是促进经济社会发展的重要手段。乡村旅游涉及基础设施、农民就业、产业转型升级等诸多方面,使得其不仅受到自身政策的影响,也对不同时期城乡发展相关的战略、规划与政策极为敏感。为促进乡村旅游的发展,政府从国家层面、省级层面出台多项政策,引领和支持乡村旅游的发展,成为促进我国乡村旅游高质量发展的重要动力。

一、政策数量不断增加

我国最早出现关于乡村旅游的政策是在 21 世纪初。2001 年、2002年,农业农村部相继制定了《农业旅游发展指导规范》和《全国农业旅游示范点检查标准》,对引导和规范乡村旅游的发展起到了重要的推动作用。由于这个阶段乡村旅游的产业功能还未得到社会各界的普遍共识，因此更多是从执行层面制定乡村旅游发展政策，乡村旅游的作用还未得到战略性重视。2006 年 8 月 16 日，原国家旅游局出台《关于促进农村旅游发展的指导意见》，明确提出，发展乡村旅游是贯彻落实党和国家战略决策的重要任务，是参与社会主义新农村建设的积极实践、是以城带乡的重要实践，是推动旅游业成为国民经济重要产业的主要力量。这是国家首次在政策层面对乡村旅游重要作用的官方表述。自此，我国乡村旅游开始进入了政策推动乡村旅游快速发展的新阶段。同年，乡村旅游被国务院写入"十一五"规划，明确提出把发展休闲观光农业作为挖掘农业增收潜力、增加农民收入的重要举措。之后国家权威机构开始在相关政策中频繁提及乡村旅游，从而促进了乡村旅游的发展。乡村旅游政策在数量特征的演变上存在数量不断增加、省份间数量特征不同等表现。首先，发文数量不断增加。从 2009 年仅 10 份政策文件到 2019 年的 53 份，增长率显著，乡村发展议题在国家政策体系中的作用不断提升 [10]。乡村旅游相关政策的出台与"十二五规划""十三五规划""乡村振兴"等国家重大战略息息相关，2010—2012 年、2015—2016 年以及 2017—2019 年是乡村旅游者政策数量快速增长的时期。其次，不同省份乡村旅游产业政策发布数量往往具有不同特征。在 2009—2019 年期间，贵州省、河北省、浙江省出台乡村旅游政策数量排名前三。2015 年国家脱贫攻坚战略的提出，对于西部地区的发展起着重要作用，特别是贵州省在 2015—2017 年期间，每年发布 20 份左右的乡村旅游相关政策。

表 2-4　我国主要乡村旅游政策及特点

阶段	政策特点	部分重要政策文件	主要内容
"十一五"期间	政策对乡村旅游的重要作用有了明确表述，开始有意识地引导乡村旅游规范发展。政策发文主体主要为文化和旅游部及农业农村部	文化和旅游部《关于促进农村旅游发展的指导意见》（2006 年）	乡村旅游是国家产业的重要组成部分，这是国家首次在政策层面对乡村旅游重要作用的官方表述
		国务院《国民经济和社会发展"十一五"规划》（2006）	把发展休闲观光农业作为挖掘农业增收潜力、增加农民收入的重要举措
		文化和旅游部 农业农村部《关于大力推进全国乡村旅游发展的通知》（2007）	文化和旅游部和农业农村部共同成立了"全国乡村旅游工作领导小组"，围绕社会主义与新农村建设的总体目标，充分发挥农业和旅游两个行业的优势，统筹安排

阶段	政策特点	部分重要政策文件	主要内容
		国务院《关于加快发展旅游业的意见》(2009)	实施乡村旅游富民工程,培育新的旅游消费热点
		文化和旅游部《全国乡村旅游发展纲要(2009—2015年)》(2009)	促进乡村旅游更好、更快发展和转型升级,为社会主义新农村建设做出更大贡献,进一步发挥乡村旅游对拉动消费、促进增长、统筹城乡区域发展的特殊功能
		农业农村部 文化和旅游部《关于开展全国休闲农业与乡村旅游示范县和全国休闲农业示范点创建活动的意见》(2010)	从2010年起,利用3年时间,培育100个全国休闲农业与乡村旅游示范县和300个全国休闲农业示范点
"十二五"期间	乡村旅游政策关注度越来越大,政策支持力度显著提升,政策数量日益增多、内容逐步完善、体系日趋健全,政策发文主体由单一部门实现多部门联合发文的转变	国务院《国民经济和社会发展"十二五"规划》(2011)	利用农业景观资源发展观光、休闲、旅游等农村服务业,并作为拓宽农民增收渠道、巩固提高家庭经营收入的举措
		农业农村部《休闲农业"十二五"规划》(2011)	着力创建一批优势产业突出、发展潜力大、带动能力强的全国休闲农业与乡村旅游示范县
		国务院《现代服务业"十二五"规划》(2012)	将乡村旅游列入专项旅游产品和乡村特色产业,首次提出扶持农民专业合作社发展乡村旅游。
		中央一号文件(2013)	首次提出鼓励社会资本投向乡村旅游
		农业农村部《关于进一步促进休闲农业持续健康发展的通知》(2014)	使乡村旅游产业成为促进农业增效、农民增收、农村环境改善的支柱性产业
		中央一号文件(2015)	将乡村旅游作为一、二、三产业融合的主要载体,首次细化了对乡村旅游发展的举措、要求

阶段	政策特点	部分重要政策文件	主要内容
		农业农村部、发改委等11部门《关于积极开发农业多种功能大力促进休闲农业发展的通知》（2017）	对乡村旅游发展的用地、财税、融资、公共服务、组织领导等保障性政策措施进行了完善、细化
"十三五"期间	乡村旅游产业地位进一步提升，乡村旅游相关政策与全面小康、供给侧结构性改革、乡村振兴等国家战略紧密结合，政策内容从注重规模、速度向注重质量、效益转变	中央一号文件（2016）	将乡村旅游发展与全面小康要求结合在一起，让乡村旅游成为繁荣农村、富裕农民的新兴支柱产业，对乡村旅游发展进行了详细指导
		中央一号文件（2017）	从产业发展的高度提出大力发展乡村休闲旅游产业，我国的乡村旅游由此进入产业化发展时代
		发改委等14部门《促进乡村旅游发展提质升级行动方案》（2017）	以供给侧结构性改革为主线，持续深化"放管服"改革，坚持区域化引导、多元化推动、特色化建设、规范化管理，提出针对性、操作性强的政策措施
		中央一号文件（2018）	将乡村旅游与乡村振兴战略的要求结合起来，从提升乡村产业质量和乡村绿色发展两个方面提出乡村旅游的发展新要求
		国务院《乡村振兴战略规划（2018—2022年）》（2018）	将乡村旅游纳入乡村振兴的产业发展、生态建设、文化弘扬等举措内容之中
		发改委等13部门《促进乡村旅游发展提质升级行动方案（2018年—2020年）》（2018）	针对部分地区乡村旅游发展存在的问题，从提质升级角度作出了系统部署

二、政策主体逐步多样

2000年之前，乡村旅游是一个新兴产业，还没有专门针对性的政策，多是依附于其他产业的政策而发展。文化和旅游部是最早参与到休闲农业和乡村旅游领域的政府部门,1998年提出"华夏城乡游"旅游主题和"现代城乡,多彩生活"旅游口号,吸引了大批旅游者涌入乡村,最初是以农业旅游和农村旅游为主要发展形势。随着休闲农业处的成立,农业农村部开始在乡村旅游政策制定中占主导地位。这些乡村旅游政策文件涉及中共中央(办公厅)、国务院(办公厅)和相关部门等17个主体,其中65.4%的国务院组成部门单独或联合出台了有关乡村旅游的文件[31]。2009—2019年期间中共中央(办公厅)、国务院(办公厅)单独和联合发布的乡村旅游文件达80份,占同期出台政策数量的29.3%。自2015年以来,每年的中央"一号文件"均提及乡村旅游,并先后从"拓展农村非农就业空间""产业融合""示范县和示范点创建"和"规划指导"等方面做出要求[10]。此外,农业农村部和国家发展改革委发文量最多,财政部、原国家乡村振兴局、住房和城乡建设部、文化和旅游部等部门发文数量在10份以上,多部门联合发布文件的比重较高。这一变化充分体现乡村旅游在旅游业和乡村振兴中起到的关键作用,以及其涉及多产业、多部门的复杂性。

三、政策类型日趋完善

国家和地方不断出台乡村旅游政策,乡村旅游越来越受到重视,产业政策内容也在不断增加。乡村旅游政策已经初成体系,主要包括引导型政策、支持型政策、保障型政策和规制型政策。乡村旅游政策在乡村旅游高质量发展中起着扶持、引导和保障的作用。首先,政府在乡村旅游政策法规的制定中起着主导作用,其规范和指导乡村旅游的发展方向和发展重点。我国乡村旅游政策随着"三农"问题、"乡村振兴""脱贫攻坚"等国家战略的提出不断地深入。相关政策为乡村旅游项目设计和培育提供了充分的政策支持,保证了乡村旅游可以高质量发展。其次,乡村旅游保障乡村旅游政策承载了不同历史阶段发展的特征,阶段性的乡村旅游政策的出台促进了我国乡村旅游发展的转型升级以及产业融合度的提升。政府在政策法规上的规范和指导保障了乡村旅游产业的高质量发展。

四、政策作用日益凸显

在脱贫攻坚、乡村振兴等战略的指引下,党中央、国务院、农业农村部、发改委、文旅委、财政部、住建部等国家部门,从用地供给、资金投入、基础设施建设等要素供给,产业规划、生态保护、文化传承等环境制度,以及鼓励消费、市场培育、试点示范等市场需求三个方面[10],引导、保障和扶持乡村旅游的发展,并且基本构建了乡村旅游政策体系。近十年来,乡村旅游政策供给数量增长快,内容不断深化,发文主体和政策工具不断丰富,政策框架体系趋于成熟,乡村旅游的发展成效显著。截至 2020 年,中国先后创建和认定全国休闲农业与乡村旅游示范点 436个、全国乡村旅游重点村 1000 个、中国美丽休闲乡村 1216 个、中国传统村落 6819 个,有效促进了乡村旅游产业的发展。

本章参考文献

[1] Leiper N. Tourism Management[J]. Collingwood, VIC: TAFE Publications, 1995.

[2]Fleischer A, Pizam A. Rural tourism in Israe [J].Tourism Management, 1997(6): 367-372.

[3] 彭华. 关于城市旅游发展驱动机制的初步思考 [J]. 人文地理, 2000(1): 1-5.

[4]Gunn C A, Turgut Var. Tourism Plning: Basics Concepts Cases(4thed)[M].New York: Rouledge, 2002.

[5]Aliza Fleischer, Anat Tchetchik. Does Rural Tourism Benefi from Agriculture?[J].Tourism Mangement, 2005(26): 493-501.

[6] 段兆雯. 乡村旅游发展动力系统研究 [D]. 西北农林科技大学, 2012.

[7] 张永强, 赵铭, 李道成, 等. 乡村旅游可持续发展的系统动力学分析 - 以内蒙古自治区呼伦贝尔农垦集团牙克石农场为例 [J]. 农业经济与管理, 2015(3): 11-19.

[8] 郭焕成, 韩非. 中国乡村旅游发展综述 [J]. 地理科学进展, 2010,

29（12）：1597-1605.

[9] 陈浩,刘红军,王存文.国家体育治理现代化背景下民族地区高校体育智库建设研究[J].贵州民族研究,2018,39（6）：235-238.

[10] 姚旻,赵爱梅,宁志中.中国乡村旅游政策:基本特征、热点演变与"十四五"展望[J].中国农村经济,2021（5）：2-17.

[11] 魏晓露,沈和江.乡村旅游助推河北现代农业发展潜力研究[J].农业经济,2022（1）：24-26.

[12] 王颖.乡村旅游理论与实务[M].北京:中国农业出版社,2020.

[13] 陈继松,曾雅.休闲农业和乡村旅游融合发展实证分析——以辽宁省大连市休闲农场发展为例[J].沈阳农业大学学报（社会科学版）,2019,21（3）：264-268.

[14] 金媛媛,王淑芳.乡村振兴战略背景下生态旅游产业与健康产业的融合发展研究[J].生态经济,2020,36（1）：138-143.

[15] 李东.健康中国战略背景下康养休闲体育旅游的内涵及对策研究[J].攀枝花学院学报,2020,37（6）：45-50.

[16] 谭良敏,周碧蕾,刘俊.教育旅游中的学习:回顾与展望[J].旅游科学,2022,36（1）：36-49.

[17] 孟秋莉,邓爱民.全域旅游视阈下乡村旅游产品体系构建[J].社会科学家,2016（10）：85-89.

[18] 何成军,李晓琴.乡村旅游转型升级动力机制研究——基于供需协同视角的研究[J].云南农业大学学报（社会科学）,2020,14（2）：77-83.

[19] 蔡建飞,陆林.居民闲暇时间变化对我国旅游发展的影响研究[J].安徽农学通报（上半月刊）,2009,15（3）：192-195.

[20] 边际."五一"旅游收入破千亿:消费驱动"内循环发动机"[J].企业观察家,2021（5）：42.

[21] 陶玉霞.乡村旅游需求机制与诉求异化实证研究[J].旅游学刊,2015,30（7）：37-48.

[22] 吴琼莉.中国乡村旅游发展动力系统研究[D].浙江工商大学,2008.

[23] 金成.以生态健康旅游带动农村经济增长的探索[J].环境保护,2021,49（15）：53-55.

[24] 李梅泉,丁蓉菁.大健康背景下大众参与乡村旅游的影响因素、

发展模式与应对机制 [J]. 农业经济，2020（10）：57-58.

[25] 谢珈，马晋文，朱莉. 乡村振兴背景下我国乡村文化旅游高质量发展的思考 [J]. 企业经济，2019,38（11）：88-92.

[26] 郑桂玲，黄超. 城乡居民收入对旅游消费动态影响实证研究 [J]. 商业经济研究，2020（12）：60-63.

[27] 欧丹. 需求视角下乡村旅游转型升级策略探究 [J]. 农业经济，2021（08）：26-28.

[28] 陈天富. 美丽乡村背景下河南乡村旅游发展问题与对策 [J]. 经济地理，2017,37（11）：236-240.

[29] 张祝平. 乡村振兴背景下文化旅游产业与生态农业融合发展创新建议 [J]. 行政管理改革，2021（5）：64-70.

[30] 赵爱梅. 中国乡村旅游产业发展政策研究 [D]. 贵州财经大学，2021.

第三章

乡村旅游高质量发展的模式

乡村兴则国家兴,乡村衰则国家衰,乡村振兴作为解决我国"三农"问题的重要战略,具有划时代的意义。综合性和带动性是旅游业的典型特点,决定了其先天就具有致富一方的功能,而乡村旅游作为正火热的产业单元,无疑蕴含着巨大的潜能,推动乡村旅游高质量发展是推进乡村振兴战略实施的重要途径。乡村旅游一直以来作为旅游领域的研究热点,其发展模式深受学者们的关注,很多专家学者基于不同划分标准对乡村旅游发展的模式进行了研究(表3-1)。在前人研究的基础上以驱动力作为划分标准,将乡村旅游高质量的发展模式分为供给推动型、需求拉动型、环境推动型、混合驱动型四种发展模式。

表3-1　乡村旅游发展模式划分

划分标准	发展模式
经营主体	政府主导模式、企业开发模式、农户自主经营模式、集体所有制经营模式等[1]
旅游功能	观览型模式、休闲度假模式、务农体验模式、风味品尝模式、生态体验模式等[1]
旅游依托	城市依托模式、景区依托模式、历史文化依托模式、产业依托模式等[2]
旅游产品	农庄模式、主题公园模式、地方遗产发展模式、乡村俱乐部模式等[3]
旅游资源	民居型、农家园林型、观光果园型、景区旅社型、花园客栈型、养殖科普型、农事体验型等[4]

第一节　供给推动型模式

一、背景

20世纪60年代初,西班牙首创将乡村城堡改造为饭店,为过往行人提供食宿,之后将城堡附近的农场、庄园进行规划建设,提供骑马等娱乐项目,吸引了大批游客前来游玩。美国、法国、日本等国家纷纷效仿该模式,欧美国家的乡村旅游逐渐规模化地发展起来。我国乡村旅游起步晚于欧美国家,最早兴起于20世纪八九十年代,当时多以分散式的一家一户农家乐为主要形式,为过往的行人提供乡村住宿,之后随着城市化和社会经济的发展,农户们主动抓住机遇,将农家的一砖一瓦、一景一色、一饭一茶打造成城里人休闲娱乐、回归自然的旅游目的地,农家乐模式逐渐成熟和发展起来。在此后的发展中,乡村作为具有自然、社会、经济特征的地域综合体,凭借着优美的自然环境、特色的农域景观、悠久深厚的文化背景等综合性旅游资源,在"食、住、行、游、购、娱"等多方面主动探索开发特色旅游产品,打破一家一户的模式,以整个乡村作为旅游目的地,为城市居民提供休闲娱乐、饮食游玩等服务,从而吸引大批客源,带动整个乡村经济的发展。随后,这种乡村旅游目的地主动推出产品,带动乡村旅游发展的模式逐渐推广,在多地得以运用。

2015年11月供给侧结构性改革的提出,要求在适度扩大需求的同时着力加强供给侧结构性改革,着力提高供给体系的效率和质量,增强经济持续发展的动力,之后,我国经济发展转变为以供给侧结构性改革为主线。现阶段我国人民对美好生活的需求不断上升,城市疾病催生了乡村旅游业的繁荣,快节奏和高强度的生活使得人们的乡村旅游热情与日俱增,但是乡村旅游总供给不能满足旅游总需求,旅游目的地公共产品服务存在缺口,旅游产业、产品、服务体系存在缺乏综合性、多样化、多层次化、无缝衔接性等发展不平衡与不充分问题[5],乡村旅游产业供需结构失衡,供给方面亟待改革。故各乡村旅游目的地在供给方面主动寻求进步,提升供给质量,从以往的供需错位、粗制滥造、同质模仿、产能低效发展转向供需匹配、绿色发展、文旅融合、产业高效发展,以更好地满足多元、创新、沉浸式体验的旅游需求[6],推动乡村旅游高质量发展。

二、典型案例

皇城村隶属于山西省晋城市阳城县北留镇,地处华阳山麓、樊溪河谷,村域面积2.5平方千米,为第一批中国传统村落,有着丰富的旅游资源,尤其是文化旅游资源。皇城村乡村旅游发展模式是典型的供给推动型模式。皇城村历经明清两代,因康熙皇帝两次下榻而得名,是康熙时期文渊阁大学士兼吏部尚书陈廷敬的故里,名人故居甚多。村内的皇城相府是集城堡、官宅、商院于一体的古建筑群,观赏和研究价值巨大;皇城村的重阳习俗是国家级非物质文化遗产。此外,皇城村枕山临水,山清水秀,临近九水仙湖、蟒河等多个景区,区域内生态农业景观丰富,自然环境优美。

皇城村凭借其丰富的旅游资源,从煤炭工业向旅游业转型,挖掘皇城相府古城堡这一历史资源,依靠历史文化资源、农业资源、山水资源等,先后建成由皇城相府、九女仙湖、农业生态园、休闲度假庄园、皇城小康新村5个景点组成,集历史人文、自然山水、科技农业、休闲度假、新农村样板于一体的晋城市唯一的国家5A级旅游景区,拥有众多景点(表3-2)。之后,皇城村秉持"文化旅游业兴村、现代服务业富民、高新技术业强企"的发展战略,相继进军医药、新能源、现代农业、现代物流、园林绿化等领域,投资兴建相府药业、相府酒业、新能源园区等,打造新型工业旅游景点,兴办房地产、物流贸易、园林花卉等服务业,成立皇城相府国际旅行社,扶持发展家庭旅馆、家庭餐馆和个体工商户,形成一条吃、住、行、游、购、娱功能齐全的完整产业链。近年来,皇城村在"绿水青山就是金山银山"的绿色发展理念、"先富带动后富"的思想指引下,探索实施"五村一体化"连片发展的"大景区、大产业、大旅游"模式,农林文旅康融合发展,并通过影视拍摄、举办节庆活动等举措进行全方位营销,塑造皇城旅游品牌,提升皇城相府品牌影响力,探索出乡村振兴路上的新格局。皇城村先后获得"全国新农村建设明星村""全国历史文化名村""全国生态文化村""全国文化产业示范基地""全国农业旅游示范点""中国十大美丽乡村""中国十佳美丽村庄"等20多项国字号荣誉和100多项省、市、县荣誉,是名副其实的乡村旅游模范村。

表3-2 皇城村景点一览表

景区	主要景点
皇城相府景区	止园、紫芸阡、中道庄、御书楼、御史府、小姐院、西山院、西花园、文昌阁、望河亭、屯兵洞、斗筑居、世德院、石牌坊、春秋阁、麒麟院、南书院、河山楼、管家院、古文化街、容山公府、大学士第、陈氏宗祠、中华字典博物馆
九女仙湖景区	龟山、五凉坪、羊肠石、黑龙潭、包骨像、阁老河、九女仙台、金滩大桥、蛟龙窟宅、张家大院、杜河大坝
农业生态园	景观养生区、休闲度假区、生态农业区、生态抚育区

景区	主要景点
皇城小康新村	青山绿水的乡村景观
工业园	地下矿井,双世公园,生产管理高科技、高效应的地面可视化系统室

三、模式解析

(一)模式内涵

供给推动型发展模式,是指农村旅游目的地依托于农村区域内所具有的一切旅游资源,通过对旅游资源的分类、评价、开发、融合创新,积极打造独特的乡村旅游产品吸引游客,最终达到引导和促进乡村旅游的高质量可持续发展的目标。供给推动型发展模式中围绕旅游资源而开展的旅游产品在乡村旅游发展中起主导作用,其成长和发展与乡村的物质资源、非物质资源有着密不可分的关联[7]。地方政府及村集体通过统筹规划、招商引资、营销推广以及管理等方面在供给推动型模式中发挥关键辅助作用,产业融合不断对旅游产品进行创新和完善,延续乡村旅游的生命力,保持其高质量可持续发展。

(二)关键因素

供给推动型乡村旅游高质量发展模式中,以下三个因素发挥着至关重要的作用。

(1)旅游资源。旅游资源是旅游业发展的前提,具有优势的旅游资源及其利用对于供给推动型模式至关重要,是打造极具吸引力的旅游目的地的关键支撑。首先,旅游资源的类别决定了乡村旅游目的地的发展方向,对乡村旅游资源进行分类可以更好地促进旅游资源的开发。不同的旅游资源类别对应着不同的旅游发展方向,地文、水域、生物等旅游资源决定该地以得天独厚的自然资源为发展依托,建筑、历史遗迹、人文活动等旅游资源决定该地依托人文资源禀赋进行发展。其次,旅游资源的价值决定了乡村旅游目的地的发展重点,旅游资源类别从宏观上确定了大致方向,旅游资源的价值则是从更为具体的微观层面指导旅游资源的开发与规划。最后,旅游资源的开发决定了目的地旅游产品的最终呈现,所开发的最终实践成果使得旅游资源从幕后到台前、从潜在变为现实,使得潜在的资源优势转化为现实的经济功能。故其高质量的开发是乡村旅游高质量发展的前提和基石。

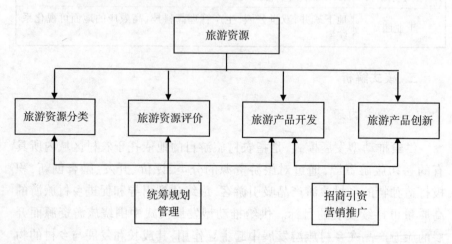

图 3-1　供给推动型模式

（2）地方政府及村集体的重视。地方政府及村集体是乡村旅游供给推动型发展模式的重要的推动者,其对乡村旅游的重视在统筹规划、招商引资、营销推广以及管理等多方面发挥着重要作用,从供给侧为乡村旅游高质量发展保驾护航。一是统筹规划方面。地方政府及村集体作为乡村旅游目的地长期以来的管理者,对其空间布局、人居环境、居民关系、产业脉络等最为了解,所掌握的信息全面,能够对乡村旅游的发展进行科学的统筹规划,充分利用各种资源要素使得价值最大化。二是招商引资方面。乡村旅游发展的各个环节都需要资本的支持,资本是推动乡村旅游高质量发展的重要保障,是乡村旅游产业发展的动力源泉。地方政府及村集体作为旅游目的地的代表,招商引资成为其重要工作。地方政府对乡村旅游的支持程度直接影响着投资企业的投资意愿,只有当地方政府能够配置一定规模的实质资源,或提出具有显著符号性作用的制度举措,为乡村旅游开发营造积极的氛围时,投资企业的投资决策更易下达[8]。三是营销推广方面。营销使得乡村旅游产品和服务得以推广,吸引客源,将乡村旅游项目落地变现。地方政府及村集体作为乡村旅游目的地的权威代表,以地方政府名义通过各种营销渠道推广乡村旅游产品,更具说服力。四是管理方面。政府作用对乡村旅游发展绩效有着显著的正向影响作用[9]。"无规矩不成方圆",缺乏有效管理,乡村旅游的规划将形同虚设,地方政府及村集体的有效管理是乡村旅游产品持续健康发展的保障,能够避免利益驱使下的冲突和不良竞争现象的发生,保证旅游质量,促进乡村旅游的发展。

（3）产业融合。产业融合影响着乡村旅游供给推动型模式的可持续发展。业态融合已然成为乡村旅游业态发展的一大趋势,利用制度、技术等方面的创新促使乡村旅游业态和其他一、二、三业态的交叉融合、互补,形成了"旅游+"发展格局,从而产生多元化的乡村旅游新兴业态,促使新型旅游供给产品的诞生。通过创新供给,激发需求,提高乡村旅游产品的吸引力、竞争力和影响力。其次,乡村旅游作为综合性产业,天然就能与工业、农业、文化、体育等各行各业融合共存、协同发展,"旅游+文创"、"旅游+电商"等新颖的概念揭示着乡村旅游产业的融合,但多是机械嫁接,浮于表面[10],若想保持持续吸引力、竞争力和影响力,产业融合的程度成为突破的关键点。产业融合的程度事关旅游供给产品的质量,影响着旅游体验和旅游满意度,深度的产业融合有利于保持旅游产品的持续生命力。就文旅融合而言,我国乡村旅游在文旅融合的号召下,已经在产业业态、产业规模和产业链条等方面取得了丰硕成果,但依然存在乡村文化记忆中断、文化根脉植入不足等问题[11],产业融合深度仍有不足,导致游客的乡村文化核心体验和重游意愿受到负面影响,乡村旅游的可持续发展也随之受到威胁。

四、实施策略

供给推动型发展模式中一切围绕旅游资源展开,针对旅游资源的科学规划从而开发出高质量的旅游供给是模式实现的关键。好的产品是成功的一半,供给推动型模式的实现还需要有质量的保障措施和拓宽的产品模式,保障措施使旅游产品能够顺利走向市场,拓宽产品模式则维持了旅游供给持久发展的吸引力（图3-2）。

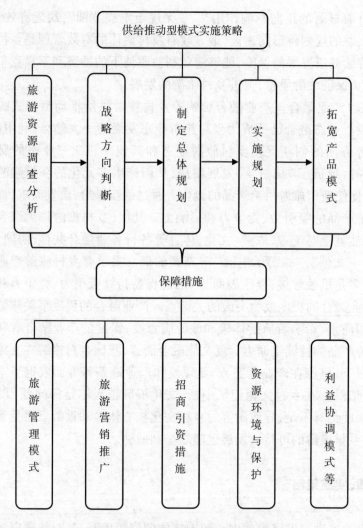

图 3-2　供给推动型模式实施策略

（一）科学规划旅游资源开发

首先,对乡村地域类的旅游资源按照一定标准进行调查分析,进行旅游资源分类,摸清乡村旅游地的基本情况。目前旅游资源分类有两个较为权威的分类体系,一是《旅游资源分类、调查与评价》中将旅游资源分为 8 个主类(地文景观、水域景观、生物景观、天象与气候景观、建筑与设施、历史遗迹、旅游购物、人文活动)、31 个亚类、155 个基本类;二是《中国旅游资源分类系统与类型评价》中将旅游资源分为 3 个景系、

10个景类、98个景型。基于这两个较为权威的分类体系,依据二分法、国标法、六分法等不同分类标准,结合乡村旅游的特点,对具体的乡村旅游目的地的旅游资源进行更为细致的分类。例如,河南省乡村旅游资源划分为休闲农业园、农家乐、乡村自然景观、乡村文化景观、乡村特色商品5个主类,以及19个亚类、55个基本类[12];湘西少数民族地区乡村旅游资源包括乡村文化及民俗、乡村聚落、乡村历史景观和自然资源4个主类,11个亚类,41个基本类[13]。其次,通过旅游资源评价确定乡村旅游供给的主攻方向。在对乡村旅游资源分类调查的基础上,因地制宜选取指标,构建评价指标体系,按照一定的方法对旅游资源在数量、等级、规模、开发前景等方面进行综合性评价[14],从而就旅游资源的开发价值、资源组合状况、发展重点等方面给出具体的指导建议,确定乡村旅游发展的总体构思。唐黎和刘茜运用层次分析法,从乡村旅游资源价值、环境氛围、开发条件3个方面选取具体指标对福建长泰山重村的旅游资源进行评价,认为该乡村旅游资源具有优势,乡村旅游开发潜力大,其资源价值是乡村旅游开发中最重要的考虑因素。最后,制定规划,进行旅游开发。在旅游资源分类与评价等理论指导以及规划前期准备工作的基础上,秉承主题性、参与性、多元化以及原真性等原则对旅游资源进行充分性、高效率、可持续的开发,确定乡村旅游供给品的核心,依据发展乡村旅游的总体思路提出产品策划开发、土地利用规划、交通、游览线路等方面的具体措施。

(二)制定保障措施

无论是开发规划还是后续的运营管理,都需要制定相应的保障措施,为乡村旅游开发、后勤保障等提供相应的支持。一是乡村旅游管理模式。供给推动型模式中,乡村旅游目的地依靠旅游资源主动推出旅游产品,涉及地方政府、企业、农户等多方主体,较为常见的管理模式有"政府 + 企业 + 农户"模式、"股份制"模式、"政府 + 公司 + 农村旅游协会"模式等,需因地制宜选择合适的管理模式。二是营销推广。通过营销保障乡村旅游目的地的优质旅游产品成功走向大众,将资源优势转换为竞争优势。营销内容围绕优质的旅游供给展开,根据景观特质展开营销,以自然山水特质与农业景观特质为主的乡村旅游目的地宣传时侧重原真性,采用动态的视觉模式,选择视觉较好的景点进行拍摄;以聚落生活和民俗文化为主的目的地宣传时需增加消费者卷入和涉入度,侧重记录和介绍[15]。营销渠道上,在传统渠道上增加网络营销的力度。三是招商引资。政府可以发布相关招商引资优惠政策,在税收等方面加大补贴力度,吸引多元主体参与乡村旅游的建设,还需明晰产业投资政策,避免不必要争端。此外,还涉及资源环境与保护、利益协调、项目建设时序等多方面的保障措施。

(三)拓宽产品模式

乡村旅游发展不能一蹴而就,而是一个可持续发展的过程,供给推动型模式的高质量实现仅仅依靠单一的资源产品模式是难以实现的,需要通过产业融合拓宽产品模式,进行产品创新。基础层面即资源、文化和功能方面的融合,将农村各种产业资源、要素、基础设施融入乡村旅游发展,拓展创新乡村旅游吸引物的范畴,创新乡村旅游产品的休闲、康体、养生、体验等功能[16],主动推出休闲农事体验、康养养老、文创制作等旅游产品。提升层级产品与品牌融合,与乡村地域内有着较强产业品牌效应的产业联合,塑造统一的乡村旅游品牌,例如皇城村与周围的村庄联合,五村一体共同塑造皇城相府这一旅游品牌。支撑层面即技术方面的融合,将物联网、云计算、现代农业等优势技术,广泛应用于农村产业,提升旅游价值,主动推出智慧农业、智慧乡村康养等旅游产品。

第二节　需求拉动型模式

一、背景

随着城市化进程的推进,城市覆盖范围越来越广,越来越多的人涌入城市寻求发展,城市的居住环境恶化,狭窄的居住环境、拥挤的街道、雾霾、节假日人流高峰、工业化食品等,这些都与人们对美好生活追求的愿望背道而驰,寻求一方净土成为人们的迫切需求。人们的消费水平不断提高,旅游观念也在不断转变,旅游需求更是多元化、个性化。当一次次难得的节假日出游变成摩肩接踵的看人海模式,传统的热门旅游地不再是游客的首选。人们看惯了城市高楼大厦、钢筋水泥、瓷砖玻璃等这样千篇一律的城市景观,开始寻找充满特色的小众景点。乡村的优质环境以及田间小路、小筑庭院、成片的田野等特色景观,满足了城市人们寻求净土和"求新求异"的需求,成为旅游的首选。此外,抛开以上现实层面的需求,从精神层面而言,当下人们生活在高压、快节奏、高竞争的环境之下,乡村远离喧嚣,犹如陶渊明笔下的桃花源,乡村生活成为人们的理想生活,乡村成为人们释放压力、寻找初心、短暂逃离现实的选择。此外,国人本身对"修身养性""返璞归真"等文化传统有着天然的需求,同时"乡愁"在东方更是有着显著的"普世价值",而乡村旅游在这一方面也有着天然的人文基础[17],能够满足人们追寻文化传统、回归故里等精神层面的需求。

二、典型案例

北京作为中国首都,周边产生了许多由游客需求引导的乡村旅游目的地,以北京市昌平区长陵镇中部的康陵村为例。康陵村地处北京市昌平区十三陵镇西北部,耕地面积324亩,山场面积1525亩,植被茂密。村民以林果业为主,主要生产柿子、梨、苹果、桃、杏、枣等干鲜果品。康陵村四季分明,自然环境优美,春天桃花杏花争相开放,夏秋两季百果飘香,冬季雪花青松映衬红墙黄瓦,村貌奇特,民风淳朴,历史悠久,享有"全国生态文化村""中国美丽休闲乡村"等称号。

康陵村靠近十三陵旅游区,距昌平20公里,东临108国道,距离北京市区仅45公里,位于京郊一小时旅游圈范围内,交通便利,耗时短,成为北京市民周末休闲度假的良好选择。 康陵村的游客近七成游客为北京本地人,另外三成为游览十三陵的过境游客,可见北京市为其主要客源市场。康陵村在发展林果业的同时也不断发展民俗旅游业,目前,康陵村以民俗旅游和林果业为主导产业,将传统种植农业变为体验休闲产业,能提供各种应时的野菜以及农家饭菜,开展包含酸梨、柿子、李子等各类优良水果在内的优质观光农业采摘,已形成了种植业、养殖、绿色消费、休闲观光旅游和新型生态村于一体的农业综合产业园区,可以满足广大城市居民体验农村生活的多元文化旅游需求,春饼宴更是成了康陵村民俗旅游的金字招牌。此外,康陵村的整体环境提升改造工程已全部竣工,路面得到升级,旅游厕所、停车场等基础设施不断完善,是北京市首个高德地图"乡村旅游标注村",旅游接待能力也大大提升。经过多年的发展,康陵村旅游收入不断增加,从原来的三万元到突破一千万元,实现京郊低收入村、低收入户致富增收,村民的生活水平显著提高,生活幸福指数提升,村民从旅游经营中获得了丰厚的回报。

三、模式解析

(一)模式内涵

需求推动型模式是指以人们的旅游需求为主并在政府适当的管控下开发乡村旅游产品,推动乡村旅游的发展,使得乡村通过旅游获益(图3-3)。其中,人们的旅游需求是多种多样的,受休闲观光、求新求异、返璞归真等多种旅游动机的影响。需求推动型模式中,乡村旅游目的地背靠庞大的客源市场,客源市场的乡村旅游需求对乡村旅游的发展起主导作用,引领着乡村旅游的产品开发方向,随着旅游需求层次的不断递进,旅游产品不断升级,乡村旅游发展的质量水平也不断提升,政府管控作为保障因素存在。

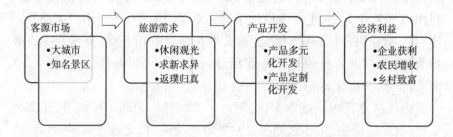

图 3-3　需求拉动模式

(二)关键因素

需求推动型模式作为乡村旅游高质量发展模式之一,以下四个因素至关重要。

客源市场。充足的客源市场能够提供强大的需求拉动力。客源主要有大城市和知名景区两方面,并依靠便利的交通条件作为保障。一是依托大城市保障客源。数量上,第七次全国人口普查显示,城镇人口占总人口的比例为63.89%,一、二线城市更是乡村旅游客源的重要组成部分(图3-4),占比高达70%。需求上,城市人口受生活压力、环境污染等多重因素的影响,更具备乡村旅游的动机。自 2020 年开始,新冠疫情蔓延,跨省熔断机制下,微旅游日渐火爆,成为城市人的热门选择,从而推动了城市周边乡村旅游的发展。北京蟹岛便是依托北京这一国际都市的客源发展乡村旅游。二是依托知名景区保障客源。知名成熟的景区具有强大且经久不衰的核心吸引力,具备广阔的市场,人流充足,周边乡村地区往往借助这一优势发展乡村旅游。鄱阳县礼恭脑村便是依托鄱阳湖湿地公园发展乡村旅游。此外,依托大城市或者景区发展乡村旅游还需依靠交通进行保障,交通影响着乡村旅游目的地的可进入性,旅游目的地与城市或景区之间的交通通达度高的地方往往能获得更多的客源。

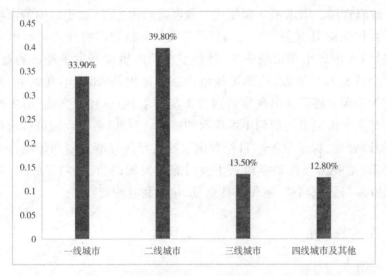

图 3-4 乡村旅游客源城市分布占比

旅游需求。旅游需求作为乡村旅游目的地的主导,影响着旅游目的地的产品打造,乡村旅游消费需求主要分为物质性需求、体验性需求和精神性需求三类[18]。物质性需求往往通过乡村自然资源和农业生产可以得到满足;体验性需求下则催生了农事体验、民俗手工艺品制作等产品,强调游客的参与感;精神性需求侧重自我满足和实现,侧重文化旅游、乡音情结、研学等。此外,旅游需求的改变和升级,促使旅游目的地在产品和服务上也不断改变和创新,现阶段物质性需求类的产品已不再是游客的首选,游客更倾向于体验类产品,满足精神需求类的产品作为自我实现层面的存在也越来越受到消费者青睐。人们的旅游需求表现得越来越细致,富有创意,极具个性,催生了许多定制类、创意类乡村旅游产品,例如定制化农旅套餐。

旅游经济利益。需求推动型模式中,乡村旅游目的地背靠城市或景区,强大的客源市场促使广大社会企业和村民依据游客需求对乡村进行旅游开发。资本是逐利的,巨大的资本投入使得产出成为利益相关者关心的问题。只有当旅游开发者获得足够的回报时,才能持续进行投入,继续探析客源市场消费需求的变化并进行旅游产品和服务创新升级,同时吸引更多资本入驻,获得更多资金支持,发展更多的旅游项目,更好地满足游客日益多元化的旅游需求,从而保证该模式的长期有效高质量运行。

政府管控。需求推动型模式中游客需求占主导,属于典型的市场导向。乡村旅游具有公共产品属性[19],推动乡村旅游发展的同时也存在一些风险,例如出现市场失灵,导致乡村旅游资源开发重经济利益,轻视社会效益和环境效益,缩短旅游产品生命周期,出现不良竞争、利益冲突等现象;甚至会出现盲目迎合市场需求,造成社会文化、历史遗迹等具有重大价值事物遭到不可挽回的破坏。对此,需要政府进行宏观调控,加以管理,保证旅游项目符合国家社会经济发展规划和环境与生态等要求,把关需求推动型模式下乡村旅游发展的质量,划定底线,合理配置资源与分配利益,避免不良竞争,化解利益冲突。

四、实施策略

(一)市场分析

需求推动型模式作为需求主导的高质量发展模式,其实现最为关键的环节便是市场分析。首先,科学调研客源市场,包括基础层面和核心层面的调研。基础层面包括客源市场旅游者的数量、年龄、收入、消费等级等;核心层面包括乡村旅游动机、乡村旅游偏好等方面。综合各方面的信息,运用定量或定性的方法对所搜集到的资料进行调研分析,了解客源市场旅游消费者对产品内容、价格、功能等方面的意见和要求。其次,根据调研结果及分析,按照旅游者需求等标准将客源地的旅游消费总市场细分为若干个子市场,并确定目标市场。不同子市场之间旅游者的乡村旅游需求存在着明显的差别,根据所选择目标市场的旅游消费者存在的个性需求,开发满足目标市场群体的差异化产品,把潜在的旅游市场需求转变为现实的旅游消费力[20]。最后,了解产品的市场占有率、市场反馈等信息,从而对旧有产品进行改造升级,调研新的市场需求,从而开发新的旅游产品,根据需求调节供给,平衡产销。

(二)旅游产品开发策略

旅游资源、旅游体验、旅游服务、旅游文化等共同构成了旅游产品,用来满足市场的旅游需求和欲望,但客源市场不同的旅游个体的需求不一,要求旅游产品开发时从旅游消费者的角度出发,以客源市场需求为导向进行产品开发。具体的开发策略包括两种,产品多元化策略和产品个性化策略。一是产品多元化开发策略。不同旅游动机对旅游产品开发的要求不同(表3-3)。在市场分析的基础上,根据客源市场的主流乡村旅游动机开发出乡村旅游主导产品,根据其他旅游动机开发出其他不同类型、不同内容的产品及服务,从而实现多元经营,在最广范围内满足旅游者的多样消费需求。例如,开发高端、中端、低端三个档次的旅游产品,满足不同消费能力消费者的需求。二是产品定制化开发策略。旅游个性化需求日益凸显,定制游进入蓝海时代,需要开发定制化、主题化的旅游产品以及更高质量的服务水准,从而满足旅游主体的特定需求,例如针对探险旅游群体,开发漂流、野外攀岩等刺激性旅游产品。

表3-3 基于旅游动机的旅游产品开发要求

旅游动机	旅游产品开发要求
欣赏田园风光,回归自然	美化乡村环境,保持乡村景观原真性
体验乡村生活和民俗风情	游客直接参与农事活动和民俗活动
娱乐野趣	垂钓、捕鱼、漂流、采摘等
求知教育	农业园参观及农业知识讲解、人文景点介绍

(三)政府适当管控

需求推动型模式作为市场导向的发展模式,其高质量发展需要政府制定适当的管控措施避免市场导向的负面效益,对市场进行干预以保障其高质量发展。法律政策方面,政府通过制定和运用经济法规来调节经济活动,明晰产权;制定相关法律法规维护乡村旅游利益各方的合法权益,限制垄断和反对不正当竞争;加强执法检查与执法协作,规范生产经营者的活动和市场秩序;建立体现生态文明的奖惩机制,制定环保政策,维护乡村空间脆弱的生态环境等。财政手段方面,划定产品价格的合理区间,进行价格控制,抑制严重溢价、乱收费等现象;对符合绿色环保要求的企业进行补贴,减收税费,健全正向激励机制,以支持节能减排,维护乡村生态空间。教育手段方面,政府通过宣传、动员、感化、鼓舞等与乡村旅游的各经营主体进行沟通,将相关政策理念灌输到企业以及个体经营者的行为模式中,促使其朝高质量发展目标前行。

第三节　环境推动型模式

一、背景

从精准扶贫到乡村振兴,乡村旅游一直在其中扮演着重要的角色。精准扶贫与粗放扶贫相对应,是 2013 年 11 月习近平总书记考察湘西时所提出的。2014 年,中共中央办公厅详细规制了精准扶贫工作模式的顶层设计。而后,国务院提出了旅游精准扶贫,旅游扶贫被列入国家十大精准扶贫过程,《关于进一步促进旅游投资和消费的若干意见》中也指出要加大乡村旅游的扶贫力度,全国工商联、国家乡村振兴局等共同启动了"万企帮万村"的精准扶贫行动。贫困主要有环境约束型、能力约束型和权利约束型三类制约因素,发展乡村旅游将通过发挥旅游产业的乘数效应来突破致贫因素的制约[21],乡村旅游作为"造血"型精准扶贫策略,可以帮助贫困地区长久地脱贫和可持续发展。

2020 年脱贫攻坚战结束之后,乡村振兴与脱贫攻坚有效衔接,防止返贫,巩固脱贫攻坚的成果,接续推动乡村地区发展。乡村旅游发展速度快、潜力大、辐射带动性强、受益面广,是促进我国农村发展、农业转型、农民致富的重要渠道,可以实现从农业到服务业的跨越,与产业兴旺、生态宜居、乡风文明、治理有效、生活富裕的乡村振兴总要求完美契合。2022 年中央一号文件《中共中央国务院关于做好 2022 年全面推进乡村振兴重点工作的意见》发布,对于乡村旅游助推乡村振兴给予了充分肯定,还指出广泛动员社会力量参与乡村振兴,深入推进"万企兴万村"行动。乡村旅游作为推进精准扶贫和乡村振兴的有效策略,深受国家重视。在此大环境的推动下,政府、企业纷纷参与到乡村旅游的发展中来,助推乡村旅游高质量发展。

二、典型案例

五村镇巴某村地处广西壮族自治区百色市田阳区南部大石山区,全村总面积 14.2 平方公里,辖 8 个屯 14 个村民小组,户籍人口 425 户 1648 人,其中劳动力 880 人,有 733 人外出务工,占全村总人口 44.5%,有耕地面积 1478 亩,人均 1.11 亩。2015 年底精准识别后,全村有建档立卡户 254 户 1021 人,贫困发生率为 61.95%,为"十三五"时期深度贫困村。

广西壮族自治区文旅厅高度重视巴某村旅游建设项目,依托巴某村山清水秀、气候宜人的自然禀赋,以及毗邻华润供港基地的优势,因地制宜大力发展乡村旅游。首先重塑乡村特色,不断推动乡村治理现代化。巴某村积极推进乡村风貌治理、乡村环境改造以及乡村配套设施建设,例如开展特色住房外立面改造、实施农村污水处理工程、完善路网体系、安装人饮净水设备等。其次完善旅游基础设施建设。2018 年以来文旅厅共安排专项旅游扶贫资金 1353 万元用于巴某村旅游基础设施建设,完成了游客服务中心、民居改民宿、村史馆、花溪地、景观桥、环屯步道、花海栈道等基础设施建设。最后发展多元产业,提升旅游扶贫的综合效益。采取"公司+合作社+基地+农户"的模式,通过合作社统一流转土地,引进恒茂旅游、华润五丰等公司,打造 18℃巴某凉泉度假村,实施 500 亩桃李基地、1100 亩油茶示范基地、200 亩铁皮石斛基地、150 亩高标准葡萄及野菜园等项目,带动群众合作发展特色旅游产品、农特产品,发展观光农业产业,形成种植、养殖、旅游为主的三大特色产业,积极创建自治区级生态旅游示范区。2019 年底,巴某村实现高质量脱贫,乡村振兴建设率先走在全区乡村前列,逐步实现为同类地区推出好经验、好做法的总目标,荣获"全国乡村旅游重点村""中国美丽休闲乡村""广西五星级乡村旅游区""广西十大最美乡村"等荣誉称号。

三、模式解析

(一)模式内涵

环境推动型模式是在国家大力提倡精准扶贫、乡村振兴等背景下,以政府为主导,农民为主体,辅以企业合作,将乡村旅游产业与脱贫致富相结合,实现乡村旅游高质量可持续发展的一种模式(图3-5)。该模式一般分布在我国西部偏远地区的贫困乡村。

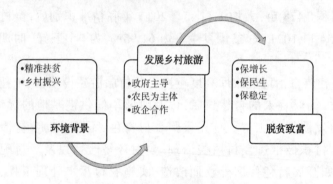

图 3-5 环境推动模式

(二)关键因素

环境推动型乡村旅游高质量发展模式中,以下四个因素至关重要。

政府主导。环境推动型模式中乡村旅游是响应国家号召脱贫致富的有效手段,其旅游开发是为了促进经济发展。在此过程中,政府的引导职能和政策支持尤为重要,实现政府在资源调配中的主体地位[22],是发展乡村旅游的关键。政府作为乡村的管理者,具有全局性和政策性,发展乡村旅游时从为民服务的高层次认识出发,按照产业兴旺是重点、生态宜居是关键、乡风文明是保障、治理有效是基础、生活富裕是根本"五大要素"进行部署,突出重点,从制度、人才、资金等多方面提供保障[23],在乡村旅游发展的各个阶段都至关重要。在乡村旅游的起步阶段,政府有效发挥其智能,引导乡村旅游发展,破除基础设施、资金等发展瓶颈,强势推进乡村旅游发展[7]。在乡村旅游的发展阶段,制定规章制度规范乡村旅游的发展,进行招商引资和营销推广,拉动经济效益。在乡村旅游的成熟阶段,寻找企业合作,促进乡村旅游与一、二、三产业的融合，扩展产业链条，避免昙花效应，保障乡村旅游的可持续发展，实现经济效益的长久化。总之，各个阶段都凸显着政府在规划引领、政策设计、制度安排、产业融合等多方面的主导作用。

农民为主体。环境推动型模式中需要始终坚持农民的主体地位，坚持政府主导和农民主体的有机统一，构建政府主导与农民主体有机衔接和良性互动的善治格局[23]。环境推动型模式作为适用于偏远地区的乡村旅游高质量发展模式，要充分调动各种资源和各类主体活力，尤其是激发农民的发展潜能，让当地农民参与到乡村旅游的发展中来，挖掘农民的主体优势。首先，农民是偏远地区发展乡村旅游最有效且长久的人力储备。乡村旅游的发展为农民提供了就业岗位，促进农民增收。与此同时，农民也承担了乡村旅游相关的生产建设、经营服务等工作。其次，农民是乡村旅游最大的竞争优势。乡村所特有的民风民俗是久居于此的农民在长期生产建设过程中所创造的，以农民为主体能够保持乡村原生的田园风光和淳朴的生活方式，保留原真性，而原真性正是乡村旅游的魅力所在，吸引着游客的到来。

政企合作。环境推动型模式作为政府主导的模式，其乡村旅游发展在初期更多是一种政府行为，带有一定的公益性质。但仅仅依靠政府对乡村旅游进行长期的资金、人才、技术等多方面的投入，财政压力过大，发展思维单一，创新性弱，导致乡村旅游发展后期疲软，难以保障乡村旅游的可持续高质量发展。此时，则需要通过提高对外开放水平，与企业进行合作，在拥有土地、资源、基础设施、劳动力等基本生产要素的基础上，借助企业所拥有的资金以及信息、技术、高级人才、营运能力等较高层次的生产要素来发展落后地区乡村旅游，并且企业所处的领域影响着乡村旅游的发展方向，例如华瑞五丰带领巴某村发展种植业，企业的多元化促使乡村旅游产业朝多元化方向发展，多业态融合，扩展产业链。政企合作有助于补足政府单一主导下乡村旅游发展方面的短板，经济体制灵活化，为中后期的乡村旅游发展续航。

经济效益。依靠乡村旅游产业脱贫致富，是因为乡村旅游作为第三产业，相较于发展一、二产业而言，投资收益高，对乡村空间的破坏性较小，能够长期可持续发展，能够有效地增加农民收入，促进保增长、保民生、保稳定，能够从根本上防止返贫。此外，只有当农民因为参与乡村旅游的发展而获益，企业的投资得到回报，发展乡村旅游见到实效，政府、企业、农民等多方才有动力继续发展乡村旅游，探索乡村旅游后续高质量发展路径。故经济效益是衡量该模式发展质量重要指标的同时也是该模式持续发展的有效动力。

四、实施策略

（一）充分发挥政府主导作用

政府作为环境推动型模式的主导,需要充分发挥作用。首先,加强基础设施建设。加强基础设施建设主要包括两个方面,一是乡村配套设施。依据乡村特色,开展特色住房外立面改造,动员群众拆除危旧房,建设小景墙、小庭院、小菜园等,改善乡村建筑风貌;开展安全饮水、污水治理、街道硬化、无害化卫生厕所改造、清洁能源利用、"三清一拆"和垃圾治理、村庄绿化、农村电子商务网点建设、生态扶贫农田水利、高效节水灌溉等美丽乡村工程项目,改善乡村群众生产生活条件。二是旅游配套设施。健全停车场、驿站、风景道、指引标识系统等乡村旅游交通设施,以及游客中心、住宿、餐饮、娱乐、购物等乡村旅游接待服务设施。对旅游配套设施进行乡土化改造、功能性升级,与信息化接轨,满足人们的高品质生活需求。其次,加强从业人员的职业技能培训。当地农民转换为旅游服务人员,角色的转换要求职业技能转变,迫切需要采取脱产学习、现场教学、实际模拟等多种方式,进行沟通、礼仪、语言、专业技能、业务能力等多方面的相关培训,提升乡村旅游服务品质。最后,激发市场活力,吸引社会企业。结合乡村特色打造符合市场需求、形式多样的旅游产品体系,出台旅游优惠补贴政策,发行旅游消费券,完善营销策略,吸引客源,激发市场活力;结合旅游产业发展需求,出台招商引资补贴政策,吸引社会企业参与到乡村旅游发展中来,实现投资多元化和产业业态多元化。

（二）延伸产业链条

延伸产业链条是扩展乡村旅游效益的有效方式,包括横向扩展产业链和纵向扩展产业链两个方面。受地区经济落后的影响,旅游产业与其他产业间缺乏横向合作,缺乏产业联动,融合度低,导致产业链过窄。为此,需要加强产业链条中同级产业核心部门的协同意识。通过建立产业融合的环境机制、引进产业融合人才、建立乡村旅游产业园等多种措施,以乡村旅游发展为核心,加强旅游产业与文化、体育、康养、互联网等产业的融合,横向拓宽乡村旅游产品的功能。乡村旅游产业链条上游为农林牧副渔等产业,中游为农家乐、采摘园、度假村等核心乡村旅游产品,终端为旅游产品的消费者。通过将特色或者创意产业融入旅游产业链条、将群众镶嵌到乡村旅游产业链条以及引进旅行社、旅游平台等中介机构等多种措施,纵向拉长产业链条,拉长产业链条的同时还需优化配置相关产业,进行纵向深化,推进乡村旅游全产业链发展。

（三）坚持群众路线

环境推动型模式的主体是农民,发展成果要惠及农民,这就要求始终坚持群众路线,让当地群众广泛参与。鼓励农民创业或入股经营休闲农业、餐饮、住宿等,通过参与乡村旅游实现就业,充分调动广大农民群众的积极性、主动性、创造性,探索建立"政府 + 企业 + 农户"的利益联结机制,将农户分散的闲置资源整合起来,让村民通过资金、土地、林地、劳动力等资源入股的多种形式参与到乡村旅游项目中来,民居变民宿,农田变旅游产品等,人人共享旅游发展的红利,实现增收脱贫。此外,培育农村本土人才,通过职业教育、专业培训等方法引导农村本土人才成长,培育一大批懂农业、懂旅游、爱农村、爱农民的乡村旅游带头人。通过回乡补贴、宣传教育引导一批农门优秀学子从离巢拼搏到归巢返乡,培育新型职业农民,为乡村旅游的高质量可持续发展提供人才保障。

第四节　混合驱动型模式

一、背景

推动乡村旅游高质量发展是利用乡村资源、供给侧结构性改革、助力旅游产业升级、满足市场需求、顺应环境趋势的必然要求。供给方面,旅游业持续高速发展,已经成为世界最重要的经济部门之一,而资源更是旅游业发展的前提和支撑。每个乡村都拥有着独特的自然环境、人文风俗等旅游资源,发展旅游产业具有天然的优势,不少乡村抓住机遇,纷纷利用所拥有的资源推出农业观光、民俗体验等旅游产品,一改乡村单纯发展农业的传统。需求方面,随着城市进程和都市人口的快速增加,使得公园、绿地、休闲活动空间和设备不足,迫切需要开拓新的旅游空间。加之人们生活节奏和生活压力加大,城市生态环境远不如乡村,人们对美好生活的需求越来越强烈。随着经济的发展和人们生活水平的提高,人们的旅游经验和旅游经历逐步丰富和提高,传统旅游形式如观光游、景点游已不再能满足旅游市场多元化的旅游需求。乡村生态环境优美,民风淳朴,别具一格,成为人们追求美好生活、满足多元化需求的最佳旅游形式,作为新的旅游空间深受旅游市场喜爱。政策环境方面,旅游业作为方兴未艾的综合性产业,涉及行业广泛,有较强的带动力。尤其是在全域旅游的背景下,可以充分发挥"旅游 + 乡村""旅游 + 农业"的优势,带动乡村的产业发展,是解决"三农"问题的好帮手,有助于乡村振兴。中央一号文件也明确提出"聚焦农业供给侧结构性改革,大力发展乡村休闲旅游产业"。可见乡村旅游对于推进乡村现代化和经济全面发展有着重要作用,符合国家发展的需要。

综上,在供给、需求、环境等多方因素的驱动下,发展乡村旅游是大势所趋。

二、典型案例

安吉县隶属于浙江省湖州市,位于长三角腹地,县域面积 1886 平方公里,有着丰富的生态旅游资源和水资源,是我国著名的竹乡,是"绿水青山就是金山银山"理念的诞生地、美丽乡村的发源地,也是中国首个休闲农业与乡村旅游示范县,拥有"中国美丽乡村""中国大竹海"两大旅游品牌,入选乡村产业高质量发展的"十大典型"。安吉作为浙江省最早发展乡村旅游的县域之一,从 1997 年起步以来,经历了 20 多年的探索和发展,乡村旅游发展成绩逐年攀升。2020 年,全县休闲农业与乡村旅游总产值达 46.6 亿元,接待游客 1056 万人次,营收 21.48 亿元。

安吉县的乡村旅游发展历程经过了三个阶段。在乡村旅游培育阶段,工业发展导致生态环境恶化,在"生态立县"发展战略和"绿水青山就是金山银山"理念的指导下,在各级政府部门的主导下,通过政策、资金的支持,利用县域内拥有的资源大力推动乡村休闲旅游的发展,开办农家乐,发展农业休闲观光。在乡村旅游的发展阶段,开展美丽乡村建设,将安吉县域当作景区进行规划,高标准编制了《安吉县旅游发展总体规划》,着力打造一村一业、一村一品、一村一景。通过建设"大、好、高"的旅游项目,改变了传统乡村旅游"散、乱、差"的局面[24];通过产业集聚,引领安吉县农业规模化发展方向,以市场为导向发展创意农业;通过市场化机制让农场开发不同类型、不同层次、不同规模的乡村旅游产品[25],着力打造地区特色发展模式,促进乡村旅游产业转型升级,朝高质量方向发展。目前,安吉县的乡村旅游发展进入了成熟阶段,与时俱进,进行科学规范的管理,在乡村振兴战略指引下进一步提升旅游产品供给质量,拉动市场需求,与农民共享发展红利。

三、模式解析

(一)模式内涵

混合驱动型模式是在乡村旅游的发展过程中,供给、需求、环境等多方因素共同作用,政府指导、市场经济、农民参与三者相结合,驱动乡村旅游高质量发展的一种模式(图 3-6)。政府高度重视旅游业的发展,在不同的发展阶段扮演着不同角色,企业和农民是乡村旅游的主要参与主体,是利益的主要获得者。但此类发展模式中,很难区分主导因素,不同阶段有着不同侧重点,驱动因子也不尽相同,随之具体的发展路径也会有所改变,具有强烈的阶段性特征。

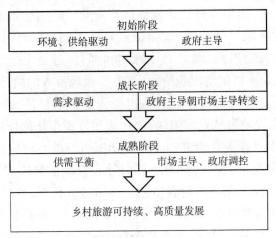

图 3-6　混合驱动模式

（二）关键因素

混合驱动型模式作为乡村旅游高质量发展模式之一，以下三个因素至关重要。

鲜明的阶段性。混合驱动型模式作为多因素驱动、多利益主体参与的高质量发展模式，难以区分该模式下乡村旅游发展全阶段的主导驱动因素、首要主体，不同阶段有着不同的侧重点，具有鲜明的阶段性特征。以安吉县乡村旅游发展历程为例，初始阶段是环境推动下，利用政策、资金、资源等条件，以政府为主导带动农户发展乡村旅游；成长阶段是政府引领下，以市场为导向，吸引企业入驻，利用市场机制开发多元化产品，高质量发展乡村旅游；成熟阶段，政府化身"保安"，以企业、农户为乡村旅游的经营主体，供需协调下推进乡村旅游可持续发展。

政府职能定位。不同阶段政府的职能定位有所不同。乡村旅游初始阶段，政府充当引领者的角色。乡村旅游的发展一直受到党中央、国务院及相关部门的高度重视，中央从规划、产业、土地、资金、人才以及人居环境整治等五个方面进行了重要指示，出台了多项文件，对乡村旅游的发展方向、标准、目标等进行了规划。例如，《促进乡村旅游发展提质升级行动方案（2018—2020年）》中指出要不断完善乡村旅游的配套设施，丰富乡村旅游的产品种类，积极支持和引导社会资本参与乡村旅游业发展等；《关于促进乡村旅游可持续发展的指导意见》中指出从旅游市场需求出发，推动乡村旅游发展的产业化、市场化等。这就要求地方政府在乡村旅游发展初期，按照国家总体规划，从整体出发，制定地方发展理念和开发思路，做好总体规划和部署，避免无序开发，扮演好引领者的角色。乡村旅游成长阶段，政府充当规范者的角色。经过一段时间的发展后，乡村旅游进入正轨，占据一定市场份额，经济也逐步发展。此时，则需要政府从台前退居幕后，更多发挥市场的作用，扮演好规范者的角色，重点任务是研究制定出台切实可行的乡村旅游法律法规，并通过项目、资金、用地、信息等手段引导乡村旅游健康发展[26]。乡村旅游成熟阶段，政府充当协调者角色。经历过成长期，乡村旅游的发展体系成熟。此时，政府更多的是充当协调者的角色，职能转向宏观调控、公共管理等方面，简政放权，重点协调好企业、农户之间的利益关系，保护旅游者的权益等。

驱动因素。混合驱动型模式中，乡村旅游的高质量发展受到多因素的驱动,这些驱动因素可以分为内生驱动因素和外生驱动因素两个方面,内生动力主要包括乡村旅游供给和乡村旅游市场需求,外生动力包括政策支持、制度引导等。外生动力在乡村旅游发展中发挥着重要作用,但内生动力是一种内生性、根本性、持续性的系统动力[27],是最根本的存在。混合驱动型模式具有典型的阶段性,不同阶段驱动因素有所不同。乡村旅游最开始时,政府出于宏观形势、经济发展的需求,利用旅游资源推动乡村旅游的发展。乡村旅游成长阶段,在政府政策支持和经济利益的驱使下,农户、企业等广泛参与到乡村旅游发展中来,规模化、产业化、高质化地提供乡村旅游产品,城市居民出于追求差异化的反向性需求[28],消费乡村旅游产品,这个阶段动力逐渐转换,从政府主导转向市场主导、从要素驱动转向创新驱动、从单一动力转向综合动力[29]。乡村旅游成熟阶段,旅游产品体系完整,旅游市场份额稳定,满足市场需求,提质增效,创新升级成为发展目标,内生动力占据主导。

四、实施策略

(一)制定阶段性发展战略

混合驱动型模式具有鲜明的阶段性特征,不同阶段政府的职能定位、驱动因素等都有所不同。故实施混合驱动型模式时,在初始阶段、成长阶段、成熟阶段准确区分政府职能定位,识别驱动因素,从而制定相应的阶段性发展战略。

首先,准确区分政府职能定位。初始阶段,政府扮演引领者,充分利用行政体制,动员所掌握的资源,对乡村旅游进行率先开发。成长阶段,政府扮演规范者,政府根据乡村实际情况研究制定出切实可行的乡村旅游地方性法律和条例,完善各项管理制度,使乡村旅游经营运作有法可依、有章可循,营造乡村旅游市场健全的法制环境,为好的乡村旅游项目的落地做好政策支持与服务。成熟阶段,政府扮演协调者的角色,搭建旅游发展平台,建立健全乡村旅游管理综合协调机制,培育发展乡村旅游行业协会等。其次,识别驱动因素。驱动因素主要有供给、需求、环境三部分,侧重供给驱动时,要求合理规划旅游资源开发,拓宽旅游产品模式,加强旅游产业发展保障,提供高质量的旅游产品。侧重需求驱动时,要求在政府适当管控下,依据全方位的市场分析开发旅游产品,满足多元化的旅游市场需求。侧重环境驱动时,要求政府加大扶持力度,充分发挥政府主导作用,积极鼓励农民参与,坚持群众路线。最后,制定阶段性发展战略。初始阶段,充分发挥政府的作用,制定乡村旅游发展的初始规划和策略,例如加强公共服务设施和旅游设施建设,通过道路硬化、建筑改造、厕所革命等多种措施改善乡村环境。成长阶段,充分发挥多元的发展主体,吸引更多的社会资本和经营主体投入乡村旅游的发展,政府主导逐渐转变为市场主导。成熟阶段,坚持市场主导,企业为主体的原则,走市场化道路,持续发展乡村。

（二）完善利益协调机制

旅游开发项目必须研究旅游利益相关者,协调利益关系,减少利益各方之间冲突,走可持续发展道路[30]。混合驱动型模式涉及政府、企业、村集体、农户、旅游者等多方利益相关者,且不同阶段利益诉求有所不同,需完善利益协调机制,保持利益协调机制随着乡村旅游的发展动态演化。

首先,乡村旅游发展初始阶段,充分强调政府在利益协调中的作用。政府出面协调旅游资源开发与乡村空间保护、开发企业与当地居民等方面的冲突与矛盾,举行各方代表出席的协调会和听证会,加强各方间的沟通,倾听各方诉求,找准矛盾切入点进行管控。其次,乡村旅游发展成长阶段,成立行业中介组织与非政府组织,利用第三方当事人介入的形式对各利益相关主体进行监督管理,引导各利益相关主体进行理性竞争与利益博弈协商,维护当地旅游业市场公平竞争与健康发展[31];同时,注重游客诉求,提升乡村旅游的服务品质,提升游客满意度。最后,乡村旅游成熟阶段,搭建乡村旅游信息网络平台,各旅游企业通过信息网络在吃、住、行、游、购、娱等一系列服务上形成紧密的产业关联网络体系,进而组成经济网络与结构体系,保证各企业间旅游产品与服务的互补性,互通有无,互补经营,缓解产品供需矛盾[31]。

第五节　不同模式的比较

以驱动力为划分标准,乡村旅游高质量发展有四种模式,分别是供给推动型模式、需求拉动型模式、环境推动型模式和混合驱动模式,这四种模式各有特点(表3-4)。

表3-4　乡村旅游高质量发展模式一览表

	供给推动型模式	需求拉动型模式	环境推动型模式	混合驱动型模式
驱动力	旅游供给	旅游需求	环境	供给、需求、环境
区位分布特征	具有核心优势旅游资源的乡村	大城市或知名景区周边	西部偏远地区,受国家政策扶持	经济较发达地区
强势主体	村集体、地方政府	旅游企业、旅游者	政府、农民	政府、村集体、企业、旅游者
关键要素	旅游资源;地方政府和村集体的重视;产业融合	客源市场;旅游需求;旅游经济利益;政府管控	政府主导;农民为主体;政企合作;经济利益	鲜明的阶段性;政府职能定位;驱动因素
实施策略	科学规划旅游资源开发;制定保障措施;拓宽产品模式	市场分析;制定旅游产品开发策略;政府适当管控	充分发挥政府主导作用;延伸产业链条;坚持群众路线	制定阶段性发展战略;完善利益驱动机制
典型案例	山西晋阳市皇城村	北京市昌平区康陵村	广西壮族自治区百色市巴某村	浙江省安吉县

本章参考文献

[1] 罗斌. 我国乡村旅游发展模式研究 [J]. 中国市场, 2021 (16): 33-36+39.

[2] 吴颖林. 乡村旅游发展模式比较研究 [J]. 合作经济与科技, 2019 (18): 38-41.

[3] 万云才. 中国乡村旅游发展的新形态和新模式 [J]. 旅游学刊, 2006 (4): 10-11.

[4] 江林茜, 张霞. 乡村旅游经济发展模式初探——以成都农家乐为例 [J]. 求实, 2006 (1): 244-245.

[5] 何建民. 我国旅游业供给侧结构性改革的理论要求、特点问题与目标路径研究 [J]. 旅游科学, 2018, 32 (1): 1-13.

[6] 于法稳, 黄鑫, 岳会. 乡村旅游高质量发展: 内涵特征、关键问题及对策建议 [J]. 中国农村经济, 2020 (8): 13.

[7] 张树民, 钟林生, 王灵恩. 基于旅游系统理论的中国乡村旅游发展模式探讨 [J]. 地理研究, 2012, 31 (11): 2094-2103.

[8] 马晓龙, 陈泠静, 尹平, 等. 政府在推动乡村旅游投资中的作用: 基于动态博弈的分析 [J]. 旅游科学, 2020, 34 (3): 13.

[9] 黄玖琴. 政府作用、游客体验与乡村旅游发展绩效 ——以贵州省为例 [J]. 乡村振兴与旅游, 2021 (3): 64-69.

[10] 王勇. 高质量发展视角下推动乡村旅游发展的路径思考 [J]. 农村经济, 2020 (8): 8.

[11] 张祝平. 以文旅融合理念推动乡村旅游高质量发展: 形成逻辑与路径选择 [J]. 南京社会科学, 2021 (7): 8.

[12] 何静. 河南省乡村旅游资源分类及评价 [J]. 中国农业资源与区划, 2018, 39 (6): 210-216.

[13] 陈宇. 湘西少数民族地区乡村旅游资源分类及评价 [J]. 中国农业资源与区划, 2019 (2): 6.

[14] 吕万琪. 武汉市蔡甸区乡村旅游资源评价及开发对策研究 [D]. 武汉: 华中师范大学, 2016.

[15] 胡雨凯. 景观特质营销对乡村旅游的影响：消费期望与涉入的作用 [J]. 商业经济研究, 2022（8）：86–89.

[16] 徐福英, 刘涛. 产业融合视域下乡村旅游产品创新路径：价值链的解构与重构 [J]. 社会科学家, 2018（4）：106–111.

[17] 陈秀美. 我国乡村旅游发展的影响因素及对策 [J]. 商场现代化, 2018（23）：2.

[18] 贺斐. 消费需求变化背景下乡村旅游产业的发展模式 [J]. 农业经济, 2020（11）：143 – 144.

[19] 单新萍, 魏小安. 乡村旅游发展的公共属性、政府责任与财政支持研究 [J]. 经济与管理研究, 2008（2）：64–68.

[20] 黄安定. 论旅游市场需求与旅游产品开发 [J]. 中国商贸, 2010（23）：141–142.

[21] 吴靖南. 乡村旅游精准扶贫实现路径研究 [J]. 农村经济, 2017（3）：99–103.

[22] 龚艳, 李如友. 有限政府主导型旅游扶贫开发模式研究 [J]. 云南民族大学学报（哲学社会科学版）, 2016, 33（6）：115–121.

[23] 张大维. 优势治理：政府主导、农民主体与乡村振兴路径 [J]. 山东社会科学, 2018（11）：66–72.

[24] 黄璜. 浙江乡村旅游发展模式研究 [J]. 广东农业科学, 2011, 38（11）：187–189+213.

[25] 张妙毅. 乡村振兴视角下发展乡村旅游的实践及启示——以浙江省安吉县为例 [J]. 农村经济与科技, 2020, 31（1）：108–109.

[26] 陶国根. 政府在乡村旅游发展中的职能定位探析 [J]. 当代农村财经, 2020（9）：58–62.

[27] 彭小兵, 彭洋. "参与—反馈—响应"行动逻辑下乡村振兴内生动力发展路径研究——以陕西省礼泉县袁家村为例 [J]. 农林经济管理学报, 2021, 20（3）：420–428.

[28] Fleischer A, Felsenstein D. Support for rural tourism: Does it make a difference?[J]. Annals of Tourism Research, 2000, 27（4）：1007–1024.

[29] 邓小海. 从"脱贫"迈向"振兴"：乡村旅游发展的动力转换 [J]. 贵州社会科学, 2021（2）：163–168.

[30] David Weaver, Martin Oppermann.Tourism Management[M]. John Wiley &Sons Australia , Ltd.254–260 ,279–281.

[31] 刘婷婷.乡村旅游利益相关者矛盾冲突及协调路径 [J].农业经济,2017（12）:64–66.

第四章

乡村旅游高质量发展的保障体系

经过多年不懈努力,我国乡村旅游发展不断迈向新台阶,已进入新的历史阶段。我国乡村旅游发展进程从加强农村基础设施建设向立足资源特色发展特色乡村休闲旅游及乡村特色文化旅游演变。2021年前十月中国乡村旅游游客人数达到18.5亿人次,同比增长43.4%,乡村旅游发展成果显著。我国乡村旅游的巨大成功证明了我国有关乡村旅游的政策法规、人力资源、财政金融及信息技术保障体系的正确性。

乡村旅游政策法规保障指的是从顶层设计的角度出发引导、支持、规范乡村旅游发展的用地、资金、设施建设、产业等多方面内容。为乡村旅游发展提供宏观政策支持,是乡村旅游高质量发展的基石。

乡村旅游人力资源保障基于乡村旅游发展现状,从乡村旅游可持续发展的角度出发,为实现经济、社会、生态三者的平衡目标而制定的乡村人力资源战略和措施是乡村旅游人力资源保障的主要内容。自古以来,人才是富国之本、兴邦大计,是推动社会高质量发展的强大力量。在乡村旅游发展过程中,要充分认识到人力资源保障是乡村旅游高质量发展的第一资源。

乡村旅游财政金融保障是在政府宏观调控和监管的前提下,充分发挥政府财政管理和监督的作用,由政府和市场共同配置资源,对乡村旅游产业发展提供财政支持和金融帮助。乡村旅游开发和建设离不开财政金融的支持,财政金融支持是乡村旅游基础设施建设的必然手段,是乡村旅游发展的第一生产力。

乡村旅游信息技术保障是指在乡村旅游发展现行基础上,充分融合利用现代信息技术的发展以达到有效利用旅游资源、提升旅游服务效率、提升旅游体验感的目的。信息技术保障能够突破乡村旅游发展的瓶颈,解决乡村旅游经济发展卡脖子的难题,是乡村旅游高质量发展的动力源泉(图4-1)。

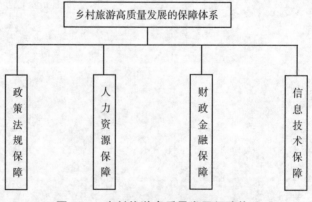

图4-1 乡村旅游高质量发展保障体系

第一节　政策法规保障

近年来,国务院及各相关部门不断联合出台系列政策法规扶持我国乡村旅游产业发展,规范乡村旅游行业标准,营造乡村旅游法律环境,以促进乡村旅游走向高质量发展道路。在基础设施建设方面,持续加强公共基础设施建设,提高公共服务水平;在要素配置方面,不断规范人才、资金、土地等要素的投入使用;在产品开发方面,提出大力培育农产品,构建乡村旅游品牌体系;在产业发展方面,大力提倡休闲农业和休闲旅游,鼓励一、二、三产业融合;在营销推广方面,运用互联网手段,实施多渠道营销手段。目前,我国乡村旅游正在向产业深度融合、旅游智慧化、营销渠道多元化等方向发展。

表 4-1　乡村旅游政策

文件类型	发布时间	发文单位	文件名	与乡村旅游有关内容
中央一号文件	2016 年 2 月	国务院	《中共中央 国务院关于落实发展新理念加快农业现代化实现全面小康目标的若干意见》	大力发展休闲农业和休闲旅游;推动农村绿色发展;推动农村产业融合等
	2017 年 2 月		《中共中央 国务院关于深入推进农业供给侧结构性改革加快培育农业农村发展新动能的若干意见》	大力发展乡村休闲农业;探索用地保障机制;深化农村集体产权制度;积极发展适度规模经营;加快农村金融创新
	2018 年 2 月		《中共中央 国务院关于实施乡村振兴战略的意见》	构建一、二、三产业融合发展体系;推动乡村绿色发展;加强基础设施建设;强化人才支撑;拓宽融资渠道

文件类型	发布时间	发文单位	文件名	与乡村旅游有关内容
中央一号文件	2019 年 2 月	国务院	《中共中央 国务院关于坚持农业农村优先发展做好"三农"工作的若干意见》	加强公共基础设施建设和公共服务水平、壮大乡村产业、保障农产品有效供给
	2020 年 2 月		《中共中央 国务院关于抓好"三农"领域重点工作确保如期实现全面小康的意见》	加强公共基础建设、资金支出落实创新创业带头人行动、破解乡村旅游用地发展难题、推动人才下乡
	2021 年 2 月		《中共中央 国务院关于全面推进乡村振兴加快农业农村现代化的意见》	加强公共基础建设、构建乡村产业体系、促进一、二、三产业有效融合
	2022 年 2 月		《中共中央 国务院关于做好 2022 年全面推进乡村振兴重点工作的意见》	重点发展农产品加工、乡村休闲旅游、农村电商等产业
其他文件	2015 年 1 月	国务院	《关于促进旅游改革发展的若干意见》	大力发展乡村旅游：保持传统风貌、统筹利用惠农资金、加强人才培训
	2015 年 8 月	国务院	《关于进一步促进旅游投资和消费的若干意见》	大力推动乡村旅游扶贫：加强规划扶持
	2015 年 9 月	农业农村部等11部门	《农业农村部等 11 部门关于积极开发农业多种功能大力促进休闲农业发展的通知》	用地政策：鼓励了利用四荒地及集体用地发展休闲农业；支持发展农家乐；加快制定乡村居民从事旅游经营的办法
	2015 年 12 月	国土资源部、城乡建设部、国家旅游局	《国土资源部 住房和城乡建设部 国家旅游局关于支持旅游业发展用地政策的意见》	积极保障旅游业发展用地，加强旅游业用地服务监管

续表

文件类型	发布时间	发文单位	文件名	与乡村旅游有关内容
其他文件	2016 年 3 月	发改委等七部门联合印发	《关于金融助推脱贫攻坚的实施意见》	对接特色产业、重点项目和重点地区等领域金融服务需求
	2016 年 4 月	文化和旅游部	120 亿旅游基建基金申报	乡村旅游成为重点支持对象
	2016 年 4 月	文化和旅游部	《全国旅游标准化发展规划》	旅游标准覆盖领域进一步拓宽
	2016 年 9 月	文化和旅游部等 12 个部门	《乡村旅游扶贫八大行动方案》	编制乡村旅游扶贫规划；加强贫困村旅游基础设施建设；大力开发乡村旅游产品；加强重点村旅游宣传营销；加强乡村旅游扶贫人才培训
	2016 年 12 月	国务院	《"十三五"脱贫攻坚规则》	因地制宜发展乡村旅游；大力发展休闲农业；积极发展特色文化旅游
	2017 年 5 月	财政部、农业农村部	《关于深入推进农业领域和社会资本合作的实施意见》	聚焦农业田园综合体；推动农业领域 PPP 工作
	2017 年 5 月	农业农村部	《关于推动落实休闲农业和乡村旅游发展政策的通知》	促进引导休闲农业和乡村旅游持续健康发展；推动农村一、二、三产业融合发展
	2017 年 6 月	农业农村部和中国农业发展银行	《关于政策性金融支持农村一二三产业融合发展的通知》	运用农业资源优势发展特色产业旅游

续表

文件类型	发布时间	发文单位	文件名	与乡村旅游有关内容
其他文件	2018年11月	文化和旅游部、财政部、人力资源和社会保障部等17部门	《关于促进乡村旅游可持续发展的指导意见》	完善乡村基础设施建设；丰富乡村旅游产品；促进乡村旅游向市场化、产业化方向发展等
	2020年7月	农业农村部	《全国乡村产业发展规划(2020—2025年)》	优化乡村旅游业

表4-2 乡村旅游法规

实施时间	法规名	内容
2007年9月	《旅游资源保护暂行办法》	规定旅游资源保护坚持严格保护、开发服从保护的原则,实行协监管、合理使用、科学发展的目标等
2009年9月	《旅行社条例》	规定国务院旅游行政主管部门负责全国旅行社的监督管理工作等
2013年4月	《中华人民共和国旅游法》	规定旅游者和经营者合法权益,规范旅游市场秩序等
2016年12月	《旅游安全管理办法》	规定旅游经营者安全生产、旅游主管部门安全监督管理及旅游突发事件应对办法等
2017年5月	《土地利用总体规划管理办法》	规定土地利用规划的规划背景、土地利用现状与评价、土地利用规划指导思想和原则、土地利用战略定位和目标等
2019年10月	《湖州市乡村旅游促进条例》	保障湖州市乡村旅游活动及乡村旅游产业发展、服务保障、管理等活动
2020年3月	《中华人民共和国土地管理法》	规定乡镇企业、乡(镇)村公共设施和公益事业建设、农村村民住宅三类乡(镇)村建设可以使用农民集体所有土地;规定国家征地补偿新标准等

续表

2020 年 9 月	《乡村振兴—民宿服务规范》	规定了乡村振兴中民宿服务的术语和定义、基本要求、环境卫生、安全管理、服务质量、南粤乡村文化主题特色和社会责任等内容

一、土地政策与法规

乡村旅游是农业产业转型升级的重要方向,是增加农村收入的新动能。随着乡村旅游的不断发展,乡村旅游用地规模不足、用地性质不清晰、产权不清晰、质押物缺乏等土地用地难题不断凸显。国家对乡村旅游用地问题重视程度不断加深,国务院及相关部门不断出台旅游发展用地相关保障政策以调整、引导、支持用地规范。《关于加快发展旅游业的意见》《关于促进旅游业改革发展的若干意见》《关于支持旅游业发展用地政策的意见》《关于推动落实休闲农业和乡村旅游发展政策的通知》等政策都提出支持旅游用地发展,形成了国家多部门协同的旅游用地政策支持机制。各地方政府积极响应中央号召,积极探索改革旅游用地路径,出台相关政策。如安徽省出台《支持利用空闲农房发展乡村旅游的意见》,支持乡村旅游经营主体盘活农村闲置宅基地发展乡村旅游,提高农民收入。现行乡村旅游发展中,必须加强乡村旅游土地管理,强化旅游产业用地保障,提高产业用地效率,主要可调整乡村旅游设施用地、建设用地和未利用地这三大类土地[1]。

（一）乡村旅游设施用地的使用

首先,国家出台相关文件,要求各省市县乡级国土空间规划应预留建设指标用地,用以保障乡村产业发展及单独选址农业设施、乡村旅游设施等建设。其次,规范设施用地建设。坚持节约集约利用土地,严格控制设施规模和用途。鼓励旅游业带动农业发展,突出与农业的深度融合。最后,加强项目评估,最大限度利用土地。合理分配建设期项目用地指标,评估运营期项目土地利用达标情况,对不达标的项目,责令整改或收回土地;对带动乡村发展的土地给予提高设施用地上限等政策支持。

（二）建设用地的使用

为集体建设用地流转提供法律保障，推动乡村集体建设用地用于发展旅游业。首先，在符合相关规划的前提下，政策允许集体用地用作乡村旅游的发展。其次，允许并鼓励城乡居民合理利用自有住宅从事旅游相关经营活动。如利用自有房屋开展餐饮经营、旅游民宿、农家乐、纪念品售卖等经营活动。最后，鼓励支持农村集体经济组织或个人使用农民集体所有的农用地、未利用地，从事与旅游相关的种植业、林业、畜牧业和渔业生产。

（三）未利用地的规划

随着城镇化的不断发展，乡村空心化越来越严重，农村闲置宅基地日渐增多，给乡村旅游发展带来新的机遇和挑战。首先，鼓励村集体在法律允许的范围内收购空闲宅基地为村集体经济组织所有，用于统一盘活利用。其次，鼓励村集体组织对闲置宅基地或闲置住宅进行再利用、调整再利用、结余指标挂钩等方式统筹利用 [2]，发展旅游业。然后，鼓励农村闲置宅基地或闲置住宅所有者将闲置宅屋流转给经营者 [3]。最后，鼓励返乡创业人员或拥有闲置宅基地或闲置住宅的居民按照经营需要翻新或修建住宅从事民宿、农家乐等旅游相关经营活动。总之，盘活利用农村闲置宅基地等闲置土地资源，有利于促进乡村振兴，有利于推动乡村旅游高质量发展。

二、资金政策与法规

乡村旅游起步发展及提质升级需要大量资金投入，尤其是基础设施和经济发展水平较为落后的中西部地区。为支持我国乡村旅游发展，中央出台了一系列资金政策法规，保障乡村旅游资金来源。如国务院等部门联合印发《关于进一步促进旅游投资和消费的若干意见》《关于积极开发农业多种功能 大力促进休闲农业发展的通知》《关于金融助推脱贫攻坚的实施意见》等，明确提出对接乡村旅游为其提供金融服务。乡村旅游发展中资金短缺问题是制约乡村旅游发展的首要问题。一是乡村旅游资金需求量大，加上乡村基础设施本就落后，其开发成本更高；二是现有扶贫资金难以满足乡村旅游发展需要。

（一）财政优先保障

一方面,中央统筹设立我国乡村旅游扶贫专项资金,确保财政投入持续增长。2015 年,国家将旅游项目纳入专项建设基金,2016 年将乡村旅游列为重点扶持项目。要进一步建立健全财政投入制度保障,从财政供给和财政引导角度规范财政资金用途。通过发挥全国农业信贷担保体系作用、设立国家融资担保基金、支持地方政府发行债券等举措,加大对乡村旅游业的资金扶持。另一方面,各省市部门统筹安排扶贫专项资金、整合涉农资金、信贷资金以及其他有关财政资金。统筹利用惠农资金保持传统乡村风貌,扎实推进乡村旅游基础设施建设。大力宣传优惠政策,鼓励经营者用足信贷资金,提升乡村旅游服务质量。

（二）社会积极参与

社会力量是重要生力军,由于社会资本规模庞大、资金雄厚的特点,能够为乡村旅游发展提供充足的资金支持。应鼓励引导各类社会企业、社会组织和个人等积极参与投资乡村基础设施建设,将乡村旅游基础设施建设转向市场化运作方向。创新社会资本参与方式,鼓励引导民间社会资本以 PPP（Public—Private—Partnership）、公建民营等方式参与乡村旅游经营建设和管理。引导部分企业和社会组织以政府企业合作或者购买服务的方式参与建设和管理农村公益性支持项目。全面支持社会资本参与商业化运营的乡村旅游业。政府要给予表现突出的社会企业、组织及个人一定的荣誉和政策补助,以提高社会资本参与乡村旅游建设开发的积极性[4]。

（三）金融重点扶持

一方面,创新金融模式。推出（PPP）、财政贷款等金融模式,引导金融机构对乡村旅游企业发放中长期贷款。拓宽抵押担保物范围,降低融资条件和门槛;拓展景区经营权和门票收费权质押贷款业务,服务乡村旅游起步和发展。另一方面,提高金融服务水平,利用金融工具助推乡村旅游精准对接特色产业、重点项目和重点地区等领域金融服务需求,金融信贷支持向连片特困地区、革命老区、民族地区和边疆地区倾斜。创新引导金融机构创新金融产品和服务方式。

（四）完善扶贫组织

精准扶贫是我国乡村旅游扶贫重大战略,它强调采取科学有效的方法和程序精准识别、准确帮扶和精准管理不同贫困对象[5]。为确保我国乡村旅游精准扶贫工作的顺利开展,乡村旅游扶贫组织应运而生。2014年9月,国务院同意以旅游局为牵头单位组建的国务院旅游工作部级联席会议制度。县级旅游扶贫工作联席会议制度在乡村振兴和该会议制度指导下诞生。联席会议成员包括县旅游局、县统计局、县交通局、县财政局、县住建局等多部门。其主要职责有统筹协调推进全县旅游工作,指导督促全县旅游工作,提出促进旅游业改革发展的措施建议等。

三、设施建设政策与法规

乡村振兴战略实施以来,乡村旅游成为新兴支柱产业,其重要性日渐凸显。但当前我国乡村旅游基础设施建设还相对滞后,这一定程度上影响了乡村旅游的发展。为提升乡村旅游居住环境,国务院出台了《中共中央　国务院关于坚持农业农村优先发展做好"三农"工作的若干意见》《中共中央　国务院关于抓好"三农"领域重点工作确保如期实现全面小康的意见》《中共中央　国务院关于全面推进乡村振兴加快农业农村现代化的意见》《关于促进乡村旅游可持续发展的指导意见》等相关政策,明确指示加快完善乡村旅游基础设施建设。目前我国乡村旅游发展面临着严重的基础及环境建设滞后、卫生条件差、配套设施不完善等问题,严重制约了我国乡村旅游发展进程。为破除乡村旅游发展的基础设施壁垒,应着手构建乡村旅游服务基础设施体系,推动人居环境整治,完善乡村配套设施建设。

（一）构建基础设施体系

加快推进交通、接待服务、乡村信息服务设施体系建设。第一,完成农村道路通畅工程。不断提高农村"四好公路"覆盖率,增强公路网密度。第二,鼓励多种主体从事旅游经营活动,提高乡村旅游接待服务水平。鼓励并扶持有条件的乡村居民改造自有住房作为乡村民宿;鼓励支持城镇组织和个人开发建设民宿;支持农村集体经济组织利用空闲宅基地建设乡村旅游活动场所。第三,推动信息通信基础设施建设。保证农村居民在第一时间内获取新信息,享受数字红利。习近平在脱贫攻坚大会上指出,我国乡村通信难等问题得到历史性解决。

（二）推动人居环境整治

以农村垃圾污水整治、厕所革命和村容村貌提升为三大重点任务,开展农村居住环境整治。一是广泛开展村庄清洁行动,资源化、清洁化处理乡村垃圾。推进厕所革命,加大对粪便的资源化、清洁化处理,普及冲水式厕所。二是中央安排专门资金支持农村人居环境整治。如使用专门资金建设垃圾站及垃圾处理设施,美化乡村环境。三是开展美丽宜居村庄和最美庭院创建活动。对农村环境整治先进县给予奖励,极大提高了创建美好整洁乡村的积极性,普遍提升整体乡村风貌。到2020年,我国已实现农村人居环境明显性改善。

（三）完善乡村配套设施

加强城镇化建设,全面提升农村教育、医疗、社会保障、文化体育等公共服务水平。实施新一轮学前教育,加快建设农村普惠教学资源,提升农村办学条件和资源。推动医疗卫生共同体建设。改革农村基层医疗保险服务,做到医疗保险全覆盖,保险资金监管有力。提高乡村养老院照护能力和集中供养水平,鼓励村庄开办老年食堂,切实保障老人养老。开展党史宣传教育活动,宣传教育践行社会主义核心价值观,创新农村精神文明建设。整合文化惠民资源,支持村民开展广场舞、"村晚"等惠民文化活动。

四、产业政策与法规

从农家乐发展至今,乡村旅游作为旅游业的重要组成部分,俨然成为一项民生产业。经过多年发展,乡村旅游产业已初具规模,并逐渐呈现出特色鲜明、产业完善、业态丰富的特点。国家出台了《关于推动落实休闲农业和乡村旅游发展政策的通知》《关于促进乡村旅游可持续发展的指导意见》《中共中央 国务院关于全面推进乡村振兴加快农业农村现代化的意见》等一系列政策调整乡村旅游产业结构。但是产业结构失调缺点依然存在,主要体现在乡村旅游产业供给质量低同乡村旅游需求普遍增长之间的矛盾不断加深,阻碍乡村旅游产业升级。因此加快发展乡村特色产业发展,大力发展产品加工业,实施数字乡村战略,构建产业融合发展体系可有效调整乡村旅游产业结构。

(一)加快发展乡村特色产业

立足农村自身资源特色,因地制宜发展农业、手工业、特色果菜茶、食用菌、薯类、中药材等特色农业,成为促进乡村旅游高质量发展的基石。首先,加强引导转变农民观念,改变农业生产自给自足的现状,明确农业发展带动效益的观念,提高农民积极性。其次,增强科技观念。引进优良品种和先进技术参与农业培育过程[6],引入先进人才参与开发、培育农业发展过程。思想引领、科技支撑带动乡村农林牧渔类第一产业发展,为后续产业融合提供基础支撑。

(二)大力发展产品加工业

一是大力推动农林牧渔等产品初加工。鼓励支持农村居民发展农林牧渔等产品保鲜、储藏、分级、包装等工业环节,为农产品进入后续加工流程及流入市场做好前期工序。二是大力发展农林牧渔产品精深加工等第二产业。鼓励支持引导国家重点龙头企业深加工农产品。依托第一产业优势,拓展特色乡村加工业,建设特色鲜明、规模适中的乡村产业聚集区。

(三)实施数字乡村战略

2019年,中共中央办公厅、国务院办公厅联合印发《数字乡村发展战略纲要》,旨在建设数字乡村,推动第三产业发展,建立灵敏高效的现代乡村社会治理体系。以下从产业发展角度来说明如何为旅游业提供有力支撑[7]。

第一,加强乡村信息基础设施建设。加快推进农村地区宽带网络和移动通信网覆盖,大幅度提高乡村网络设施水平和覆盖率。为推进乡村旅游发展,鼓励社会各部门开发适应"三农"特点的信息技术、产品、应用和服务。第二,发展农村数字经济。推动信息技术在农业生产过程中的普及和全面深度融合,打造智能化、科技化农业生产实施过程。实施"互联网+"与物流深度融合,加快建设一批农产品智慧物流配送中心。线上深化电子商务进农村,推动人工智能及电子商务实体店进农村,培育农村线上促销线下销售融合发展系统。第三,统筹推动城乡信息化融合发展。引导乡村挖掘资源特色,建设互联网特色乡村。构建互联互通、各具特色的数字城乡融合发展格局。依托国家数据共享交换平台信息,推动信息共享、资源公开,扩大信息传播范围,提高乡村旅游认知度和影响力。

（四）构建产业融合发展体系

产业融合发展模式主要有一产内部间融合、"一产+二产"融合发展模式、"一产+三产"融合、"一产+二产+三产"融合。乡村旅游发展进程中,旅游业作为第三产业,与第一、第二产业密不可分。扩展产业链向前、向后纵向延伸,促进农林牧渔业、加工业和旅游业、运输、零售、餐饮等第三产业的融合发展模式,是目前使用最广泛、效益最高的产业融合模式。该模式以产品生产业为基础,与加工业及销售服务业融合,可拓宽农产品生产线,延长农业产业链,增加农民收入,提高社会经济效益。

第二节　人力资源保障

2006 年,文化和旅游部将"中国乡村游"定为宣传主题,我国乡村旅游迈入阶段性发展阶段。近年来,可持续发展内在要求同乡村旅游外在市场需求共同驱动下,我国乡村旅游正面临转型升级的巨大机遇和挑战。同时也对我国乡村旅游人才培养、需求和应用体系提出了更高要求。

2020 年 10 月,党中央在"十四五"规划建议中强调要提高农民科技文化素养,推动乡村人才振兴。2022 年 12 月,习近平总书记在中央农村工作会议上强调要吸引各类人才在乡村振兴中建功立业。当前的政策文件把人才振兴提到了前所未有的高度[8],人才是乡村旅游高质量发展的核心要素。然而,我国乡村旅游发展的经营和管理水平较低。主要原因是缺乏高素质、专业化、具有创新性的高质量人才[9]。我国乡村旅游从业者多为当地村民,其文化水平及专业水平相对偏低,掌握专业旅游知识和经营管理理论知识能力较弱,难以满足乡村旅游高质量发展的智力支持。因此,如何培育人才、引进人才并留住人才成为当前乡村旅游发展人力资源板块的重点内容。

一、特色化人才培育机制

当前社会背景下,我国乡村条件艰苦,直接引进高素质人才难度大,对乡村旅游从业人员进行培训提升是可行性、操作性最高的方案。为不断提升乡村旅游从业人员的素质、经营能力、管理水平以及旅游服务基本技能,推动乡村旅游发展,需不断加大乡村旅游从业人员培训力度、创新培训形式、丰富培训内容。

(一)加大乡村旅游培训力度

一方面,培训各领域乡村旅游人才。积极开展针对乡村旅游经营者、乡村旅游带头人、乡村旅游文化技艺传承者及乡村旅游创业者等乡村旅游工作者的培训。对乡村旅游导游、乡土文化讲解员等专职工作人员进行培训,为其提供知识拓展、讲解技巧、服务态度、接待利益等专业培训,提高其服务水平和服务质量,促进乡村旅游发展。另一方面,培训特色化乡村旅游人才。围绕乡村旅游特色资源和主营业务规范旅游从业人员培训内容和形式,培养一批熟知乡村旅游景区、餐饮、文化等特色资源的乡村旅游人才。

(二)拓展乡村旅游培训形式

创新乡村旅游人才培养方式,以送教上门、办培训班、结对帮扶等多渠道、多层次的培训方式,不断提升旅游从业者综合素质,提高乡村旅游经营管理能力。

一是开展乡村旅游培训班,采用短期专题培训的方式,快速提高旅游从业者接待水平、服务技巧和工作技能。二是培养乡村旅游示范带头人。政府挑选部分能力强、条件好、积极性高的乡村旅游从业者,为其提供专项帮助。使其成为榜样,并通过榜样示范效应,带动其他旅游从业者的工作积极性,实现乡村旅游产业化发展。三是全民旅游教育。一方面,运用各种社交媒体开展旅游宣传教育,树立激发民众环境保护意识,创建并保护美丽乡村。另一方面,对村民讲解旅游专业知识和技巧,提高其文化水平和旅游服务水平,使其由旅游见证者转变为潜意识的旅游从业者。四是加强"村—校"合作,形成互利互惠的良好合作机制。一方面,乡村通过内部选拔等方式选派部分旅游从业人员前往合作高校参与学习培训,不断增强自身文化素养及理论基础和服务技能。另一方面,利用乡村旅游的产业资源,可为院校学生提供假期实习岗位和实践基地,不仅能够缓解乡村旅游人才匮乏的现状,还可以为乡村旅游产业的可持续发展储备人才。

（三）丰富乡村旅游培训内容

旅游业隶属于第三产业——服务业,旅游从业人员应具备的专业素质有旅游职业道德、乡村历史文化知识和旅游服务技巧等。文化因素仍是主导乡村旅游是否成功的重要因素[10],立足乡村这一特殊的实情下,对乡村旅游从业人员的文化素质培养有助于促进乡村旅游文化传播,促进乡村旅游高质量发展。

随着乡村旅游业态融合趋势的发展,要培训一批复合型的专业人才。既要有较高的文化素养,又要有充足的旅游专业知识;既要专业技能突出,又要具备一定的管理营销才能;既要熟知传统旅游业运营特点,又要能洞悉现代旅游趋势和发展方向;既要熟知传统研究方法,又要掌握大数据及人工智能等新型研究手段。这些都对乡村旅游从业人才的复合性、创新性提出了更高的要求。可开展旅游实践教学活动,对旅游活动内容进行针对性的实训,以培养从业人员的实践技巧和随机应变能力。同时,还可组织一些实践类竞赛活动,以提高从业人员服务水平和自主学习能力。

二、完善人才引进机制

我国乡村旅游发展进程中,除了要针对现有乡村旅游人才进行开发培训外,要持续保障人才的活力,还要不断输入新鲜血液。换言之,除了加强对现有人才的培训外,还应采取各种措施引进乡村旅游人才,并保障其权益以留住乡村旅游人才。

（一）政府—企业联手引进人才

首先,政府要制定并落实人才引进政策。对实施人才引进相关单位提供政策倾斜,提高引进人才的待遇和保障。将旅游人力资源引进纳入县乡政府的绩效考核,对下属各部门设置年度人才引进目标[11]。对完成目标的部门给予物质和精神奖励,反之给予处罚,以奖励和处罚分别调动各部门工作积极性和给予适当工作压力。其次,各级领导干部要重视人才引进。高层除了要重视各级领导干部的学习教育外,还要形成机制,以增强各级领导干部对人才引进的重视程度。对完成既定目标的干部优先评级和提拔,而未完成目标的干部则需考察之后才能评级和提拔。最后,坚持企业引人用人的主体地位[12]。企业应建立与自身需求和市场环境相匹配的人才引进计划,避免人才浪费。企业引进人才的第一步是明确自身企业文化,迎合乡村旅游作为乡村振兴抓手的时代背景,根据市场需求调整发展战略,确定引进人才类型和数量[13]。

(二)引入人才市场机制

人才市场的调节机制证明人才市场对人才和用人单位双方具有强烈的调控、激励和约束功能[14],因此人才的引进除了要发挥政府的力量外,还要发挥市场的力量。第一,县乡政府要加快规范人才市场,制定关于人才市场总体规划的政策[15]。创建和谐的市场环境,发挥政府在市场配置人才的主体作用。同时,加快人才市场信息网络建设。完备的人才市场信息网络不仅有利于人才了解乡村旅游相关岗位信息和晋升机制,更有利于乡村旅游相关部门引进专业针对性强的人才。第二,建立完备规范的市场运作机制。包括市场供求机制、人才流动机制和社会保障机制。充分利用市场供求机制和价格杠杆,以稍高于市场竞争的乡村旅游人才工资吸引不同岗位数量合适的乡村旅游人才。人才流动机制为人才价值的实现提供了可能,在一定程度上促进人才增值和企业价值的实现[16]。市场化的社会保障机制是建立人才市场必备的社会条件,也是消除人才流动后顾之忧的社会保障体系[17]。

三、创新可持续化留人激励机制

乡村旅游人才缺乏最为关键的原因在于乡村条件艰苦,人才流失现象严重。要创建乡村旅游人力资源保障体系就必须创新乡村旅游可持续化激励机制。马斯洛需求层次理论是心理学的激励理论,该理论提出人的需要都是由低向高发展的,依次是生理需要、安全需要、归属与爱需要、尊重需要与自我实现的需要。依据该理论,可以从待遇留人、情感留人和事业留人这三个方面出发,激励乡村旅游工作者坚守岗位,促进乡村旅游可持续发展。

（一）待遇留人

根据马斯洛需求层次理论,生理需要是一切需要的基础,只有人类不为"衣、食、住"烦恼时,才会产生更高层次的需要。因此,必要的物质生活保障,也即待遇留人是留住乡村旅游人才的最基本要求。待遇留人是指通过不断为人才提供相应的待遇、福利等解除人才的后顾之忧,来吸引和稳定人才。这里的待遇包括薪酬、福利、奖励、住房、良好的工作环境等[18]。

首先,要建立符合市场经济的薪酬体系。从人力资源管理和激励的角度出发设计薪酬,可以使员工得到物质的保障,满足其最低层次的需要,是留住人才的重要因素之一。其次,设置员工福利激励办法。近年来,体制内国企等工作岗位成为热门,其原因就在于其福利范围全面。乡村旅游企业为广泛吸引留住人才,要学习国有企业的人力资源管理办法。为员工提供一应俱全的福利,为其缴纳养老保险、医疗保险、失业保险、工伤保险生育保险及住房公积金和企业年金,保障员工养老、生活、疾病及意外等。然后,设置员工奖励办法。设置目标激励、荣誉激励、参与激励及奖励旅游等方式激发其对工作意义和工作归属的认识。最后,提升员工工作生活环境。提升员工办公环境,建设较为齐全的文化体育设施,丰富员工娱乐生活。

（二）情感留人

物质因素是社会生活最基础的内容,同时,人作为群居性的社会动物,也要求同其他人建立感情的联系或关系。情感留住人心,留住人心就留住了人才,情感留人是纽带。乡村旅游企业要形成自己的企业关怀文化,树立企业友好有爱的氛围,让员工工作在有爱的环境中。同时要对员工进行培训,帮助员工深入了解企业文化内涵,树立正确的职业道德观念。乡村旅游企业领导不能一味逐利而缺乏人情味,要有同理心和仁爱之心。领导要深入职工中了解民情、体验民生,加强同员工的感情联系,从理想到信念、前途、未来发展,全方位关心员工。通过企业团建活动增进员工间个人情感纽带的构建。企业浓厚的人情味能够满足员工尊重和爱的需求,会让员工产生明显的依赖感和归属感,有利于人才队伍稳定。

(三)事业留人

个人能力的发展和完善是人们参加社会活动的根本目的。乡村旅游工作者通过自身职业发展,将乡村旅游事业同自身职业发展联系起来,得到自身发展和完善是其生存发展的最高层次需要。刺猬公社,中国青年报官微运营原主任叶铁桥指出"待遇留人"难以突破,关键还是得靠"事业留人"[19]。

一是员工职业生涯规划。乡村旅游企业要协助乡村旅游人才制定职业生涯发展规划,协助员工寻找适宜个人和组织发展的职业道路。定期组织员工培训,增强员工素质和能力,保证员工个人能力同企业战略发展及外界环境变化相匹配,以提高员工满足感和安全感。二是满足员工成就感,为其提供内部晋升机会。一旦企业内部有职位空缺首先从乡村旅游企业现有员工中考虑。在此之前,要为员工晋升做好充分准备,为每位员工建立人事记录并载入人才技能库。

第三节　财政金融保障

"十二五"规划后,政府将发展重点转移至乡村地区。乡村旅游的开发在依赖自然景观、地方民俗的同时,更需要加大资金投入对乡村基础设施、产业业态更新、休闲产品开发的资金投入。目前我国的乡村旅游产业的财政政策主要由政府主导实施,且财政支持集中于大型或发展较为完善的乡村旅游建设以及高回报率的项目[20]。

一、财政保障

(一)完善乡村旅游财政政策体系

1.根据实际规划整体安排

乡村旅游作为乡村振兴的重要抓手,能给乡村组织带来经济收入,具有脱贫攻坚的重大作用。同时,作为公共产品,乡村旅游产业需要政府政策大力支持。因此,在乡村旅游建设开发中,要发挥各级党委和当地政府的模范带头和引领作用,统筹规划乡村旅游产业发展,根据乡村特色资源,合理布局乡村旅游发展;鼓励农业部、财政部等部门加强合作,打造公共财政支持区域,全面促进乡村旅游产业发展。

2.探索乡村旅游财政管理模式

一是"乡财县代管"。指的是以乡镇为理财主体,属性"预算共编、账户统设、集中管理、票据统管"的管理方式,将所有权、使用权、管理权、核算权分离,由县级财政部门直接管理并监督乡镇财务。村内不设财政岗,由乡镇代理完成村级财务管理和核算等业务。该方式不仅可有效管好财政,还能有效控制支出、落实村民民主决策权[21]。二是建立财政涉旅游基金的会商协调机制,完善资金从组织到落实等各个环节的细化措施。明确各项资金来源、用处、支出明细等便于协调和监督。三是在乡村普及会计电算化模式。培训各基层会计使其掌握复式记账法进行账务处理和核算。并使用乡镇 OA 系统,使账目条款公开透明。

3.加大专项旅游基金投入

乡村旅游项目具有投资风险大、投资回报期长的特点,目前投资乡村旅游产业的大型企业相对较少,乡村旅游经营者缺乏实力。中央财政每年设置的专项旅游基金基数很大,但将其投入每个项目就所剩无几。一是加大专项旅游资金投入,使乡村旅游项目发展有更充足的资金。二是设置专项旅游基金中用于发展乡村旅游的资金比例,保障乡村旅游发展的资金来源。三是县乡政府要安排好专项旅游基金中用于发展乡村旅游配套建设及公共基础设施的建设,用于提升乡村旅游环境氛围。

（二）加强财政政策决策和监督

1. 加强财政决策

在旅游发展进程中,要完善乡村旅游财政政策决策机制。一是要经过征集、讨论和决策制定相关决策机制。广泛征求人民的意见,根据人民需求制定针对性较强的政策。二是准确把握财政政策"提升效能、精准、可持续"内涵。统筹财政资源,推进财政绩效同财政预算有机结合,提升财政政策效能。聚焦旅游业高质量发展,为中小企业科技创新提供更大力度税收优惠政策。统筹安排财政专项收入,合理安排财政收支,合理把握各项目资金。有效规避风险,实现旅游业可持续发展。

2. 加强财政监督

第一,加强与旅游活动有关的日常活动的监督。紧密围绕乡村旅游相关产业资金使用情况开展日常监督检查工作,为县乡政府财政管理、旅游资金规划提供有力支撑。给监督部门下达当年检查的指标,确定拟查对象,及时发现财政资金管理存在的相关问题并加以解决。第二,对专项环节实施监督。对资源特色突出的项目申请专项资金进行监督。尤其是加强监督项目招投标、物资采购、项目施工、项目竣工等重点环节,确保资金政策落地。第三,对个案进行检查和监督。对县乡旅游项目进行个案抽查和监督。严肃处罚挪用、克扣旅游资金等行为。

（三）优化乡村旅游支出结构

1. 完善资金管理体系

一是加强专项资金管理。明确规定各类乡村旅游项目资金来源,规定资金适用范围,以及资金补助形式,加强专项资金使用规范。二是降低旅游支出。通过免征收旅游景区、项目标牌工本费等手段降低旅游企业运营成本;对旅游企业实行差别税收法,向乡村旅游企业收取更低税收。三是增加旅游收入。完善财政资金对旅游的奖励措施,扩大旅游规模,调动旅游积极性,扩大地区旅游经济增长。如乡村旅游地可出台《旅行社组团来某地旅游奖励办法》等奖励措施激励旅游增长。

2.高效使用,优化资金投放结构

突出顶层设计,规划资金投放体系。旅游专项资金投入各县乡后,县乡政府首先编制县乡旅游战略发展规划及总体规划。考察评比各项目综合实力以确定资金优先投入项目及各项目投入资金数目。优先发展投资回报率高、进展较快、成熟度较高的项目。强化旅游基础支撑,确定财政拨款用于旅游基础设施建设比例。细化财政支持方向,注重投入资金开发旅游市场。举办系列惠民、主题旅游商品活动,借助重要旅游活动打开旅游市场,推出乡村旅游品牌。

二、金融保障

(一)提升旅游融资服务体系

就目前乡村旅游项目而言,乡村旅游经营主体申请融资以质押为主,但乡村土地、房屋等市场价值较低,银行等金融机构出于风险考虑,一般不会为其发放信贷投入。

1.创新支持乡村旅游的金融服务产品

一是创建多元化贷款融资产品。鼓励地方金融机构针对乡村旅游不同领域开发多元化专属信贷产品,以支持乡村旅游经营者的信贷诉求。如分别针对乡村旅游扶贫重点县乡及独自完成初级一、二、三产业的经营者提供"贷款+脱贫专项基金"和"乡村旅游信贷融资链"产品。二是打造批量式金融产品。该金融产品主要是针对同县乡的乡村旅游项目,为其经营主体给予全县授信、利率优惠、驻地服务等便利化机制,促进乡村旅游贷款融资批量化服务,保障乡村旅游项目资金投入[22]。

2.建设乡村旅游信贷体系

一是推进乡村旅游经营者建档立卡。各县乡政府要持续使用多种宣传手段,提升经营者对信贷的知晓率,推动经营者建档并评估其信贷水平。二是大力推广"三信"(新用户、信用村、信用乡镇)创建工作。扩大农户信用评级、授信覆盖面,提高农户经营者获得银行信贷支持的便利化水平。三是充分利用两权抵押贷款优势。为能提供农村承包土地经营权及农民住房财产权的经营者提供金融支持,降低农户获得金融支持的难度。

3. 优化乡村旅游金融环境

一是充分发挥政府作用。制定奖励优惠政策,协调金融机构和社会资本参与乡村旅游建设。完善监管体系,实现对企业、金融机构、从业者的年度审查以规范乡村旅游金融环境。二是搭建乡村旅游信息平台。整合乡村旅游项目信息,便利金融机构支持乡村开发建设。三是加强乡村旅游业保险的推广和使用,从政策上对乡村旅游风险进行规避和防范,降低投资风险。

(二)鼓励多元投融资方式

乡村旅游的金融支持发展至今,主要有政府资金支持和民间金融支持两大类。民间金融支持不仅能推动金融改革,提升旅游融资效率,还能弥补官方融资的不足。吸引民间金融支持乡村旅游发展对于推动乡村旅游发展具有重大意义。乡村旅游经营方式主要有自主经营模式、合作经营模式、政府和社会资本合作(PPP)的市场混合经营模式。在乡村旅游发展中充分发挥各经营模式的资本优势,引导资金投入,促进乡村旅游规模化、专业化、特色化发展。

1. 引导乡村旅游自主投资

乡村旅游自主投资即引导乡村居民投入资金,综合运用宅基地、资金、劳动力、管理等资源要素,从事"农家乐""民宿""采摘园""餐饮"等旅游经营活动。此类投资模式贯穿于乡村旅游发展始终,是乡村旅游发展原始的资本积累形式[23]。随着乡村旅游发展规模不断扩大,此类投资主体经营实力不断增长,发展成为具有一定规模的乡村旅游企业。引导乡村旅游企业充分利用资金、技术及管理能力投资参与其他乡村旅游活动。

2. 倡导乡村旅游合作投资

乡村旅游合作投资即鼓励乡村旅游企业同乡村居民合作,运用企业的经营管理实力和资金优势参与乡村旅游建设开发。该方式的核心特征是乡村居民和企业利益共享、风险共担。乡村旅游合作投资是乡村旅游投资最具活力的融资渠道和发展动力,有利于乡村旅游投资的快速扩张。

3. 引入 PPP 公私合营投资

PPP 公私合营投资即政府部门确定公共服务需求并提供协助和监管帮助,社会资本提供人才、技术、资金等优势按照政府要求进行建设并获取收益的投资开发模式[24]。该投资方式一方面可解决政府财政负担过大、县乡资金来源不足、项目收益低等问题,另一方面还可培育特色乡村旅游产业、提高乡村旅游产品生命周期。此种投资方式可以引导乡村旅游投资向提质增效方向倾斜,为乡村旅游提高经营品质提供创新动力和技术支持。

(三)创新乡村旅游融资模式

1. 开发乡村旅游理财服务

开发旅游理财服务。银行和乡村旅游景区景点联合推出乡村旅游借记卡,向农户和旅游者全面发放,以提高其金融理财能力[25]。并将乡村旅游经营者的融资需求打包成为理财产品供持卡人购买,以增加持卡人收益。对经营者而言,该借记卡除了具备银行卡的基本功能外,还可以为其解决经营融资问题;对旅游者和农户而言,从消费者向景区投资者的身份转变,增加了其同乡村旅游的联系和认同,有利于乡村旅游可持续发展。

2. 创新融资平台

随着互联网技术的不断发展,互联网金融随之崛起,并得到广泛关注和应用。利用互联网技术创新融资平台极大降低了融资成本,提高融资效率。一是政府主导建立本地企业投融资平台。政府统一监管和运营,帮助双方达成合作。二是建立提供第三方中介服务的互联网平台。由第三方中介收集投融资双方信息,帮助投融资方挑选合作伙伴。三是旅游企业自行建立企业自营平台(官网、官微等)。为投资者提供了解该项目的渠道以确定是否对该项目进行投资。

第四节　信息技术保障

现代信息技术的核心是计算机技术,包括计算机的硬件技术、软件技术、计算机网络和通信技术[26]。旅游业是最早应用信息技术的领域之一,信息技术是旅游业信息化的基础[27]。我国旅游信息化建设始于20世纪80年代中期,目前仍处于起步和发展阶段。我国农村可达性低于城市地区,知名度低[28],旅游收入低,旅游带动作用也不明显。信息技术在旅游业的有效利用能够有效提升信息传播、旅游服务效率[29]。因此,我国乡村旅游必须走信息化道路。加强网络时代乡村旅游信息化建设,有望提高乡村旅游知名度及市场竞争力,促进乡村旅游可持续发展。

一、加强网络乡村旅游信息化建设

(一)加快"数字"乡村建设

在深度数字化、高度信息技术发展大背景下,数字乡村建设符合时代发展背景,也是优化农村现代化的强有力路径,具有极强的现实意义[30]。数字乡村建设是信息化、数字化和网络化在农业农村经济社会发展中的应用,是推动农业农村经济体制升级的有效方式。

一是要加快推进整体设计规划。在现有乡村信息化和智慧城市建设的基础上,尽快制定数字乡村整体规划,推动乡村旅游顺利开展。二是积极申建试点。在农业农村信息化试点、电子商务等试点的基础上,推进数字乡村建设试点工程[31]。在整体规划引领下,以涉及试点和自主探索相结合的方式推动乡村数字化进程。三是加快乡村互联网基础设施建设。在乡村全区域覆盖无线宽带,保障基础通信和上网需求。利用数字信息技术记录、保存乡土影像、声音、资料等乡村旅游特色资源。

（二）打造独特旅游信息化品牌

充分利用数字经济发展模式信息传播快的优势,借助动态数据收集及分析手段,了解外部乡村旅游发展现状并预测未来乡村旅游发展趋势。结合自身乡村旅游资源优势,尤其是村居民舍、长街古道、风土民情等特色资源,针对目标顾客调整现有品牌经营理念,进一步明确发展路线及品牌定位。发挥数字信息化优势推进乡村旅游品牌化发展,结合当前旅游大趋势推出并完善独特、舒适、新奇的乡村旅游产品与服务,为游客带来满意的乡村旅游体验。在此过程中,逐渐形成特色品牌经营项目和特色品牌培育策略,最终形成特色乡村旅游品牌。

（三）建立数字管理服务平台

建立完善信息化旅游管理和执法平台、旅游安全事故防范平台和政府决策信息平台[32]。建立数字管理网络体系,实施对乡村旅游道路、景点、民宿区域全天监控,布设安全呼叫系统、救援系统、旅游安全急救系统等保障游客安全,提高意外事故应对能力,增加游客信任度,获取游客忠诚度。建设旅游热线呼叫中心,形成电话服务窗口、人工回复窗口、智能回复窗口等一站式回复热线,分流分类游客信息,达到快速回复目的。建立乡村旅游数据直报系统,完成旅游数据统计、分析,提高统计数据的准确度,以便有针对性地改进乡村旅游内容、形式。

（四）加强网络平台旅游宣传力度

乡村旅游资源分布零散,地理位置偏僻是其不可避免的劣势,通过网络信息宣传化平台可以很好地弥补该劣势,能够全面深入地展示乡村旅游形象。县乡政府要改变传统宣传观念,认识到网络平台宣传传播范围广、传播快的优势,积极应用网络宣传平台推广乡村知名度。与热门网络传播平台合作,利用热门网络传播平台受众广的优势扩大传播范围,吸引游客通过互联网进行乡村旅游项目选购,实现线上预定线下消费的电商模式。与网红人气主播合作,利用明星效应达到展示旅游形象、提升知名度的宣传目的。搭建无线通讯设备,方便游客实时分享旅游体验及旅游风光。

二、乡村旅游电子商务平台建设

(一)加强乡村旅游电子商务网站建设

目前我国乡村旅游网站建设较为薄弱,除北京、海南、大连等少数省市建立有专门独立的乡村旅游网站外,其他地区大都挂靠在旅游网或者政府网站上。

首先,建立区域性网站,鉴于当前我国农村地区乡村旅游发展参差不齐、经济规模水平低下,每个村拥有自己独立的门户网站可操作性不强。几个邻近的、乡村旅游资源互补的乡村旅游点共同建立一个乡村旅游网站[33]显得更有优势。一方面,几个村庄共同出资建设、管理和维护网站,有效解决了资金筹集问题。另一方面,共同管理维护网站信息来源广、更新快,能及时提供给游客最新的乡村旅游信息。其次,丰富乡村旅游网站形式。乡村旅游网站建设除了彰显乡村旅游目的地资源特色和基础设施等目的地设施外,还要突出用户体验及用户自服务项目[34]。如为游客提供旅游资源全息 360 度环绕展示、全面的 VR 旅游体验等,增加网站可信度及游客对乡村旅游目的地的好感度。然后,拓展乡村旅游网站内容。除了展示乡村旅游目的地简介、旅游景点信息、旅游景点风光、交通路线信息外,还要针对游客需求设计并推介游客感兴趣的旅游路线、旅游产品及旅游注意事项等。最后,突出乡村旅游网站特色内容。基于资源特色的基础上增设一些个性化商品和服务,以区别于其他旅游网站。

(二)成立乡村旅游电子商务联盟

旅游产业作为综合性产业,涉及交通业、住宿业、餐饮业、工业制造业、医疗业等众多行业,单一旅游企业在旅游发展过程中难以满足顾客全部的消费需求。利用不同企业的优势资源和技术,缔结产业联盟有利于提高各企业的核心竞争力、降低经营成本、实现经济共赢。电子商务联盟,是指在政府政策引导和政府环境保护下,联合多家旅游企业,联合建设乡村旅游联盟网站,共同向外推介乡村旅游。各乡村旅游企业可以在网站上投放广告,通过该网站访问量增加潜在客源。通过共享资源、经营、管理手段,获取利益最大化。

（三）拓展乡村旅游电子商务模式

乡村旅游电子商务模式主要有 B2C（business to customer，直接面向大众消费者的电子商务经营方式）直销模式、B2B（business to business，企业与企业之间进行产品、服务、信息交换的营销模式）销售模式和 O2O（online to online，线上营销购买带动线下消费）模式。

1. B2C 电子商务模式

传统旅行社演变成旅游网站，如春秋旅游网、青旅在线，以及旅游互联网企业转型成为互联网企业同传统企业相结合的资源互通、优势互补的新型旅游企业，如携程旅行网。这两类不同资源结合方式是目前我国旅游业在电子商务背景下最为典型和普遍的 B2C 模式[35]。其共同点在于随着信息技术的发展，瞄准网民这一目标市场以获取尽可能大的市场份额。为拓展客源，乡村旅游电子商务应将线上旅游网站与线下旅游传统业务相结合的新型旅游企业作为初级发展目标。

2. B2B 电子商务模式

B2B 可分为两种类型，一类是平台型，另一类是垂直型。其中平台型又可分为两种，一是技术驱动型，为商户提供中间工具或产品，如阿里巴巴；二是平台交易撮合型，针对旅游中间交易提供服务，从而赚取差价作为盈利手段。垂直型 B2B 则是分别向上游和下游形成供货和销货关系[36]。乡村旅游由于资金来源和资源限制，采用垂直型 B2B 交易形式可行性最高。在上游同旅游纪念品制造业等企业形成亲密交易关系；在下游同农产品加工企业间形成良好交易合作关系，同旅游者间形成短暂交易关系。采用 B2B 分销模式可有效控制成本、提高产品竞争力、扩大分销渠道、提高旅游经济收入[37]。

3. O2O 电子商务模式

O2O 电子商务模式融合了线上交易和线下交易，是目前乡村旅游电子商务发展的必然需求。乡村旅游区别于其他类型旅游的关键点在于乡村的休闲雅静。要结合乡村旅游特色，建立集特色乡村餐饮、民宿、特色乡村交通方式、特色乡村旅游产品等为一体的 O2O 特色电商服务模式，为居民及游客提供线上线下融合的服务[38]。O2O 的本质内涵是将实体旅游资源放在移动互联网平台进行营销,是旅游者线上交易同线下实地消费相结合的商业模式[39]。O2O电商平台的应用能够有效整合乡村旅游资源,提高乡村旅游管理效率和水平。O2O电商平台的引流作用及营销渠道的扁平化减少了分销商、零售商的数量,具有极大的成本优势。这种线上销售线下消费的营销模式,需要很好地把控线下商家的经营质量,保护客人的信息,否则会极大降低消费者满意度。

三、提升乡村旅游体验服务

(一)智慧服务体系

乡村旅游在发展中要朝着智慧旅游的方向前进。一是完善基础设施设备。与通信公司合作,建设移动基站,实现无线网络全区域覆盖。建立并开放景区内无线 Wi-Fi 网络,保障旅游者基础上网体验。同时,加大乡村通信基础设施设备的投入。景区内宽带全覆盖,可帮助游客观看网站上的 VR 全景。二是引入地图导航和电子语音讲解,为游客提供更加便捷的导游服务。三是使用电子商务平台,上架当地特色农产品和特色手工产品等,满足游客线上购物的需要。

(二)AR/VR 应用

在大数据时代背景下,VR(virtual reality,虚拟现实)、AR(augmented reality,增强现实)、MR(mixed reality,混合现实)是丰富和创造用户体验的关键因素。针对旅游者的不同需求,设计具有吸引力的旅游产品和旅游活动,调动旅游者的积极性和体验性。挖掘乡村传统村庄文化,应用 VR 技术,以传统村庄历史文化为主题制作 VR 主题旅游。在"游前",借助 AR 等技术软件完成网络营销。运用 VR 技术中的 360 实景技术在乡村旅游网站建立实景展示系统,可以将乡村旅游风貌真实展现在网络上。"游中",应用 VR 技术完成实景导航,利用虚拟旅游丰富游客体验感。VR 技术智慧软件可以采集乡村数据并保存在云端,游客在使用过程中可以获得乡村地图缩放、平移,位置查询,路线导航及景点介绍等服务,极大便捷了游客的出行和游览过程。VR 技术使得游客在视觉、听觉上全方位接触旅游目的地,可实现目的地的虚拟体验,提高了游客体验满意度。

（三）人工智能应用

AI 人工智能技术也给旅游业带来了便捷化与耳目一新的体验，机器人酒店、机器人餐厅、机器人导游等是目前人工智能在旅游业中最普遍的应用[40]。在乡村旅游开发设计中，运用 AI 技术丰富乡村旅游网络空间体验，可以将乡村打造成为"智慧化乡村小镇"，丰富乡村旅游形式。加大人工智能技术在休闲农业方面的应用，凸显生态旅游产品的价值和优势，建设生态农业产业园区。在产业园区内提升人工智能技术含量，提升信息农业、人工气候箱、农业时光隧道科技含量。信息技术的发展和应用，不仅能为旅游者提供精细化服务，还有助于乡村旅游景区管理者获取旅游数据，精准营销和开发。在乡村旅游管理经营过程中，景区经营（管理者）可引导游客在社交平台及旅游电子商务平台上分享旅游真实评价和看法。然后依据这些数据开展精细化分析，以掌握乡村旅游最真实的发展并提出后续开发建议。

本章参考文献

[1] 王倩，赵林，于伟 . 中国乡村旅游用地的政策分析 [J]. 开发研究，2019（4）：108–115.

[2] 陈忠权 . 盘活利用农村闲置宅基地和住宅 [N]. 天津日报，2022–02–22（002）.

[3] 陈富强，王丹灵，尚宇杰 . "收分退转"湄潭盘活农村宅基地 [N]. 贵州日报，2022–04–19（007）.

[4] 杨萍 . 社会力量参与乡村旅游基础设施建设的社会责任及其实现方式研究 [J]. 农业经济，2020（4）：49–51.

[5] 毛峰 . 乡村旅游扶贫模式创新与策略深化 [J]. 中国农业资源与区划，2016，37（10）：212–217.

[6] 陈霰 . 浅谈发展乡村特色农业 [J]. 理论与当代，2006（11）：22–23.

[7] 白丽，陈曦，张孝义 . 农产品加工企业引领三产融合发展的路径研究 [J]. 社会科学战线，2020（4）：253–257.

[8] 李卓，张森，李轶星，等 . "乐业"与"安居"：乡村人才振兴的动力机制研究——基于陕西省元村的个案分析 [J]. 中国农业大学学报（社

会科学版），2021，38（6）.

[9] 于法稳，黄鑫，岳会.乡村旅游高质量发展：内涵特征、关键问题及对策建议[J].中国农村经济，2020（8）：27-39.

[10] 兰宗宝，兰申菊.关于广西乡村旅游人才建设的战略思考[J].广东农业科学，2009（8）：263-266.

[11] 白清平.浅析乡村旅游人力资源的管理与开发[J].中国商贸，2010（25）：177-178.

[12] 张爽.我国企业引进海外人才创新团队探析[J].科技管理研究，2013，33（2）：113-116+123.

[13] 张丽萍，马卓.乡村振兴背景下依托"三园"建设创建饲料企业人才引进路径方法分析[J].中国饲料，2022（2）：135-138.

[14] 金占明，林仁兴.人才市场的三大机制[J].中国人才，1995(5)：9-10.

[15] 祁晓玲，曾令秋，李柚，等.西部大开发进程中四川少数民族地区完善人才引进机制研究[J].四川师范大学学报（社会科学版），2006（5）：5-11.

[16] 桂昭明.有序竞争推动人才合理流动[J].中国党政干部论坛，2018（6）：22-26.

[17] 马向东.待遇留人研究[J].开封教育学院学报，2003（04）：19-24.

[18] 叶铁桥.传统媒体怎样留住优秀全媒型人才[J].青年记者，2017（10）：21.

[19] 魏颖.财政金融支持下民族地区乡村旅游发展研究[J].行政事业资产与财务，2019（2）：24-25.

[20] 徐柏松，陈明，陈卫星.乡村财政管理新模式的探讨[J].财会通讯（理财版），2006（Z1）：103.

[21] 梁勤.金融支持乡村旅游发展的现实诉求与创新路径[J].西南金融，2021（5）：64-76.

[22] 李涛.中国乡村旅游投资发展过程及其主体特征演化[J].中国农村观概念察，2018（4）：132-144.

[23] 胡钰，王一凡.文化旅游产业中PPP模式研究[J].中国软科学，2018（9）：160-172.

[24] 华萍.金融支持乡村旅游精准扶贫研究——以河南省为例[J].

金融理论与实践,2019（11）：113–118.

[25] 夏琛珍. 旅游信息系统 [M]. 北京：北京大学出版社,2009：16.

[26] 孙春华. 近年来国内旅游业信息化研究综述 [J]. 旅游科学,2005（3）：64–69.

[27] 张金鸽,周灿芳,刘序,等. 广东乡村旅游电子商务平台建设发展现状与对策分析 [J]. 广东农业科学,2014,41（23）：184–187.

[28] 李伟,穆红莉. 基于信息技术进步的旅游服务创新 [J]. 科技管理研究,2012,32（13）：200–203.

[29] 王廷勇,杨丽,郭江云. 数字乡村建设的相关问题及对策建议 [J]. 西南金融,2021（12）：43–55.

[30] 苏红键. 我国数字乡村建设基础、问题与推进思路 [J]. 城市,2019（12）：13–22.

[31] 袁梅. "互联网 +" 时代乐山旅游信息化建设探讨 [J]. 中共乐山市委党校学报,2018,20（3）：64–67.

[32] 兰宗宝,陆宇明,韦志扬. 网络时代乡村旅游信息化建设的思考 [J]. 贵州农业科学,2009,37（11）：227–230.

[33] 燕玉霞. 构建乡村旅游电子商务战略体系的探讨 [J]. 农业经济,2016（12）：93–95.

[34] 冯飞. 中国 B2C 旅游电子商务盈利模式比较研究——以携程旅行网和春秋旅游网为例 [J]. 旅游学刊,2003（4）：70–75.

[35] 李乐天. 旅游 B2B 电子商务系统的设计与实现 [D]. 广州：华南理工大学,2015.

[36] AZUREVER SAS – Tours and activities B2B Distribution: Providing ancillary revenue to B2B tourism partners by messaging and branding 15000 Tours & Activities over 115 countries in 5 languages[J]. M2 Presswire,2016.

[37] 伦墨华,马敬元,郭贺彬. "互联网 +" 背景下农村电子商务精准扶贫模式创新 [J]. 农村金融研究,2019（2）：58–61.

[38] 林晓华,陈秀琼. 基于微信公众号平台的旅游市场 O2O 电子商务应用探讨——以厦门为例 [J]. 企业经济,2015（12）：136–139.

[39] 湛研. 智慧旅游目的地的大数据运用：体验升级与服务升级 [J]. 旅游学刊,2019,34（8）：6–8.

第五章

国外乡村旅游高质量发展的典型案例

工业化与城市化进程的加快以及激烈的市场竞争，引起了人口拥挤、交通堵塞等一系列问题，上述问题严重影响了城市居民的生活品质，城市居民迫切想释放身心压力。乡村凭借其宁静的田园生活以及美好的自然环境等显著优势成为城市居民放松游憩的最佳目的地，乡村旅游由此产生。目前，法国、美国、日本等发达国家的乡村旅游发展较为成熟，积累了丰富的发展经验。本章详细剖析了法国、美国、日本三个国家乡村旅游的发展类型、成功经验和做法，这些对促进我国乡村旅游高质量发展具有重要的理论意义和实践意义。

第一节　国外乡村旅游的起源与发展历程

一、国外乡村旅游的起源

关于乡村旅游的起源，学术界和业界持有两种不同的观点。第一种观点认为乡村旅游起源于法国。1885年，法国参议员欧贝尔带领一群贵族到巴黎郊外的农村休闲度假，住在当地村民的自家农屋里，并且和他们一起参与种树、养蜂等农事活动。他们通过参与这些活动，不仅修养了身心、对大自然有了新的认识，而且加强了与当地农民之间的友谊。此后在这些贵族的带领和示范作用下，乡村旅游在欧洲逐渐兴起并盛行起来。第二种观点认为乡村旅游起源于英国，第一次工业革命后，工业机器大生产在给英国带来财富、改善民众生活水平的同时，也为工人带来了更多的休闲时间。英国修筑铁路以适应工业发展，人们通过铁路离开惯常环境到其他地方，铁路的修筑为乡村旅游提供了交通工具。1865年，意大利成立农业与旅游全国协会，标志着乡村旅游的正式诞生[1]。无论哪一种观点，乡村旅游起源于19世纪的欧洲已经得到了学术界和业界的普遍认同。

二、国外乡村旅游的发展历程

乡村旅游发展至今已有100多年的发展历史，其发展大致经历了兴起、扩张和成熟三个阶段。

第一,兴起阶段:19世纪初期,欧洲革命随着工业化和城市化的发展而爆发,高压力的环境使得城市居民开始向往宁静、美好的生活,这些想法的萌生推动欧洲乡村旅游的产生。

19—20世纪中叶,这一阶段参与乡村旅游的主要群体是接受过良好教育、拥有高收入的上流社会人群,他们拥有足够的闲暇时间和金钱进行乡村旅游活动。

第二,扩张阶段:20世纪中后期是欧洲乡村旅游扩张的阶段,在这一阶段,美国、日本、西班牙等国家开始大力发展乡村旅游,并尝试将乡村旅游与其他产业结合来增加经济收入,与此同时,不断丰富旅游产品或服务的形式,例如自驾、钓鱼、摄影以及农事活动等。

第三,成熟阶段:20世纪后期,多数欧洲国家的乡村旅游在这一时期逐步进入成熟阶段,旅游业与农业的结合显著提高了乡村旅游的经济收入。同时,乡村旅游被欧洲各政府视为扩大就业、增加收入的重要手段,政府在政策、资金等方面大力支持乡村旅游的发展。在这一阶段,乡村旅游者的旅游需求不断多元化和个性化,为了满足旅游者迭代升级的旅游需求,各国的乡村旅游也由单一的传统观光游朝着更具体验性的深度游转变。

第二节　法国乡村旅游

法国的乡村旅游是在高速公路的快速发展、人们生活水平不断提高、区域交往不断增强等背景下发展起来的。随着工业化和城市化进程的加快,越来越多的城市居民渴望回归自然。法国的乡村旅游在20世纪70年代已经初具规模。目前,法国凭借其丰富、优质的乡村旅游资源位列世界乡村旅游强国,乡村旅游已经发展成为法国继蓝色旅游之后的第二大旅游产品体系,乡村旅游的收入成为法国经济收入的重要来源。法国的乡村旅游主要包含观光游览型乡村旅游、休闲农业型乡村旅游和文化教育型乡村旅游三大类。

一、法国乡村旅游的类型

(一)观光游览型乡村旅游

观光游览型乡村旅游是指以乡村风光、绿色景观为主题,吸引旅游者前往乡村观光游览的旅游活动。优美的自然风光为法国发展观光旅游奠定基础。位于法国南部地中海沿岸的普罗旺斯是法国观光游览型旅游的典型旅游地。其主要项目是田园风光观光游、葡萄酒酒坊体验游、香水坊体验游。

(二)休闲农业型乡村旅游

休闲农业旅游是一种能够满足旅游者休闲、观光旅游需求,帮助旅游者体验农业的旅游类型。法国于19世纪中期加快对休闲农业旅游的发展。法国的休闲农业乡村旅游是休闲农业旅游中的一种。休闲农业乡村旅游是以当地的自然、文化资源为基础,吸引旅游者游览体验的旅游类型。休闲农业乡村旅游能让旅游者直观地感受农村的自然环境,了解当地的民俗文化与传统。法国的农庄是休闲农业乡村旅游的典型,例如旅游者可以在法国农庄的葡萄园内观赏美景,与此同时体验葡萄酒的酿造过程。

(三)文化型乡村旅游

乡村文化旅游作为乡村旅游的升级版本,能充分发挥乡村文化资源的价值,促进乡村旅游产业提质增效。法国充分利用其丰富的历史文化遗产来发展文化旅游,以文化活动为载体,通过有影响力的节庆活动、事件等提升乡村的知名度,促进文化型乡村旅游的发展。例如旅游者可以在蒙特雷索参观文艺复兴时的城堡以及木筋房。

二、法国发展乡村旅游的经验

(一)政府大力支持

法国政府高度重视乡村旅游,出台了一系列的政策法规以引导和支持乡村旅游的发展。各经营主体必须按照法国政府的有关规定进行登记和认证后,才能开展乡村旅游经营活动。政府还为乡村旅游制定总体发展规划以确保旅游资源得到合理配置,科学、权威的规划能够引领乡村旅游朝着正确的方向发展。法国政府通过出台税收优惠政策、财政补贴等各项政策来促进乡村旅游的发展。例如,1955 年,法国政府启动了"农业家庭式接待服务微型企业"计划,该计划主要为农户提供经费资助用于维护与修缮具有传统风格的民居 [2]。法国政府规定:只要农户户主遵守相关约定,便可以向政府申请修缮补助津贴,大约有 40% 的农户获得过政府的补助金 [3]。除提供政策、资金支持外,法国政府还组织成立相应的机构来发展乡村旅游,例如 1935 年成立法国农会常设委员会;1988 年成立乡村旅游服务接待处 [4];2001 年成立乡村旅游常设会议机构;2003 年成立部际小组,该小组的主要任务是负责全国自行车道和绿色道路的规划以及建设工作。

（二）协会积极引导

法国的乡村旅游协会在乡村旅游起步时期便产生,其在法国乡村旅游的发展过程中扮演着重要的角色。乡村旅游的主要规范、质量评价标准由法国农会下属协会负责制定。协会作为连接政府和旅游经营者的桥梁,为法国乡村旅游的健康发展添砖加瓦。法国相继成立了农业商会、乡村旅游服务接待处、全国农民联合会、国际旅游推广协会等协会 [5]。协会在政府宏观政策规定的范围内制定行业规范、制度和质量标准,同时对经营主体的经营活动进行监督,协助政府顺利实施相关政策。另外,协会还担负起咨询、教育、培训的重任,法国的行业协会定期为经营乡村旅游的农户开展培训,旨在提高农户的接待服务水平。为了避免出现同质化现象,乡村旅游行业协会还制定了本地经营者不得售卖非本地的产品的限制条件 [6]。

（三）产品类型丰富

法国乡村旅游产品丰富,按照法国农会的划分标准,可以将法国乡村旅游产品分为农产品农场、农场客栈、点心农场、骑马农场、狩猎农场、教学农场、探索农场、暂住农场和露营农场九个系列,大致可以将上述项目归纳成美食品尝、休闲放松和乡村住宿三大类 [3],具体如表 5-1 所示。美食品尝的主要内容是以当地农场种植、养殖的植物、动物等为原材料,利用当地的烹饪方法制作佳肴;农场主与客人共享美食,为确保农产品的独特性,农产品的加工工作必须在所在农场内部开展,农户必须向所在地区的有关部门提交其主营农产品的相关资料,从而有效减少农场间由于同质化而引起的恶性竞争。休闲放松的主要内容包括狩猎、读书、摄影、学习骑马、喂马等活动。法国乡村旅游的住宿形式多样,主要包括乡村别墅、帐篷、连锁酒店、独立酒店等,能够满足旅游者不同的住宿需求[7]。以上三类旅游项目能从不同的角度满足旅游者多样化、个性化的旅游需求。法国丰富的乡村旅游产品在促进乡村旅游发展的同时能有效带动相关产业的发展。

表 5-1   法国乡村旅游产品

项目类别	主要内容
美食品尝	以农场种植、养殖的植物、动物等为原材料,采用当地的烹饪方法,呈现乡土特色;在农场内加工农产品以保证产品的独特性;农场主与客人共享美食。
休闲放松	学习骑马、喂马、读书、摄影、狩猎等活动。
乡村住宿	乡村别墅、帐篷、连锁酒店、独立酒店、旅行挂车等。

(来源:根据法国乡村旅游的文章整理所得)

(四)经营模式独特

法国乡村旅游的经营形式包括个人和企业等,其中以个人农场经营为主。法国乡村旅游的经营模式是典型的"农户+政府+协会+企业"[5]。农户在经营农业的同时开发旅游产品,将农户作为乡村旅游的发展主体,才能真正振兴乡村经济,向旅游者展现农村的特点和风貌。因为乡村旅游在扩大经济收入、缩小地区差异等方面发挥着重要作用,所以法国政府历来重视乡村旅游的发展,从宏观层面制定一系列鼓励和支持乡村旅游发展的政策。协会为乡村旅游制定行业规范、制度和质量标准,制度、标准的设立能有效提升乡村旅游的发展水平。企业是连接旅游者与农户的纽带,将农户提供的各项产品、服务进行整合,将整合之后的产品、服务出售给旅游者。法国的乡村旅游在农户、政府、协会和企业等各方的通力协作下健康发展。

(五)营销渠道多样

法国将乡村旅游的目标市场划分为三类:第一类是车程在 1 个小时左右的周边省;第二类是诸如巴黎、尼斯等国内大城市;第三类是周边国家的大城市,例如英国伦敦、瑞士伯尔尼、德国柏林、西班牙马德里等[8]。法国乡村旅游的营销渠道完善。一方面,地方政府以及职能部门积极发挥其组织、规划、协调、宣传、推动的作用,引导帮助乡村旅游经营者积极地开展市场营销工作。法国政府斥巨资用电视、广播、杂志、户外广告等传统宣传媒介宣传乡村旅游;另一方面,乡村旅游的经营者通过数字报纸、网络等新媒体开展营销,同时,乡村旅游的经营者通过记录整理游客的基本信息及消费偏好,为经常进行乡村旅游的客人办理会员卡,并将其发展成为长期客户,针对长期客户则采用会员营销。法国是世界公认的会议强国,据法国会展协会的数据显示,2018 年,法国共举行 3000 场大会,占国际大会的 23%,吸引了近 180 万名会议客户参与。另外,法国政府每年会组织举办巴黎狂欢节、面包节、国庆节等特色活动,会展活动和特色营销活动是市场营销与推广的重要手段,它们集广告效应、公共关系、形象传播等于一体,为法国宣传乡村旅游创造条件。

第三节　美国乡村旅游

美国乡村旅游的起源可以回溯到英国,当时生活在城市中的英国封建贵族、富人经常前往乡间游历以躲避城市的喧嚣和污染。英国在殖民北美时延续了这一习惯,美洲壮丽的景象、独特的动植物资源、舒适的气候为英国殖民者旅行提供了良好的条件[10]。与此同时,二战之后,美国的公路网络建立,人们可以驱车从城市前往乡村,便利的交通也促进了美国乡村旅游的发展。20 世纪 70 年代,美国的乡村旅游迅速发展壮大,到 20 世纪 80 年代初期,乡村旅游已然成为扩大乡村经济收入的重要方式,乡村旅游由此逐渐成为美国旅游业的重要组成部分。

学者 Brown D M. 按照旅游者的旅游动机以及旅游资源的不同,将美国的乡村旅游分为以遗产资源为依托的遗产旅游、以自然生态资源为依托的自然生态旅游、以农业资源为依托的农业旅游[11]。旅游者在乡村旅游过程中既能观赏田园景色,还能参与具有浓郁地方特色的体验项目,让旅游者在放松身心的同时陶冶情操。

一、美国乡村旅游的类型

(一)遗产旅游

遗产旅游是以遗产资源为旅游吸引物,吸引旅游者前往该地欣赏遗产景观、体验遗产文化氛围的一种特定的旅游活动。美国的自然文化遗产丰富,为其发展遗产旅游提供了优越的先天条件。美国宾夕法尼亚州的阿米什人远离现代文明,拒绝使用现代设施,仍然过着日出而作日落而息、耕田织布、自给自足的生活,他们的这种生活方式吸引了大批旅游者到访。美国西部的金田鬼城凭借其历史悠久的 Mammoth 金矿和 Goldfield 博物馆吸引着大量游客。位于宾夕法尼亚州东北部的 SteelStacks 艺术文化园区的前身是伯利恒钢铁公司,20 世纪 80 年代,美国基础建设、房地产以及船舶等行业的停滞,导致钢铁市场面临着供过于求的局面,该厂房被迫倒闭,但在政府和非营利机构的支持下,该地以原有的工业遗产为基础,统一场地景观和新建筑的风格,增设架空的走廊以连接工业遗址景观和园区,为当地吸引了源源不断的旅游者,现如今, SteelStacks 已是一个享誉全球的艺术文化娱乐园区。此外,美国充分利用内战遗址、名人住址以及废弃的煤场、采伐场等遗产资源来发展乡村遗产旅游。

(二)自然生态旅游

自然生态旅游是以自然、生态资源为依托吸引旅游者观光、欣赏自然景观的旅游活动。美国的生态旅游发展处于世界领先地位,美国的自然生态旅游的典型代表是国家公园。美国国家公园不仅是国家公园体系的重要组成部分,也是旅游者休闲游憩的旅游目的地 [12],国家公园的户外游憩功能满足旅游者精神和心理的需求,与此同时还能促进区域经济的发展。国家公园不同于一般的旅游景区或自然保护区,它是为生态旅游、科学研究和环境教育场所而划定的需要特殊保护、管理和利用的区域 [13],其主要目标是维护这些区域生态系统的稳定性。早在罗斯福政府时期,美国政府就建立了国家公园系统以保护大片的风景区和荒野地,并利用这些风景区和荒野地开展游憩活动。

（三）农业旅游

农业旅游是一种农场或郊区为旅游者提供娱乐和教育的旅游活动，旅游者可以参与到农场或郊区提供的自然、文化、历史等项目活动中去[14]。农业旅游在很大程度上满足了旅游者体验乡村生活的需求。美国农业旅游的旅游产品主要有乡村音乐节、果实采摘、收割节庆、农场游憩、参观葡萄酒酿造厂等。美国与农事相关的节庆活动丰富。例如美国旧金山半月湾的南瓜艺术节每年的收益近千万美元；得克萨斯州的波蒂特草莓艺术节于 2003 年被评选为最精彩的艺术节之一；加州圣克拉拉县吉尔罗伊镇每年 7 月的最后一个周末都会举办"大蒜节"，每次会投入超过 2 吨的新鲜大蒜；威斯康星州每年举办汉堡节；美国的帕纳谷是世界级的葡萄酒产地，其以传统的葡萄种植业和酿酒业为发展基础，逐渐发展成为一个集品酒、餐饮、养生、运动、婚礼、购物等于一体的综合性小镇[15]。美国的明尼苏州、威斯康星等则以农业种植形成的乡村景观吸引旅游者。另外，乡村雕刻、庄稼绘画等农作物写实景观日渐兴起，例如位于美国东部大西洋沿岸的弗兰肯默斯种植大量的南瓜，在万圣节前后吸引大量的游客购买并在南瓜上进行雕刻。1989 年，出生于美国堪萨斯州的大地艺术家斯坦·赫德根据凡·高的名画《向日葵》在乡间土地上创作了一幅 20 英亩的大"庄稼画"——《向日葵》，新颖的庄稼地绘画轰动一时并被各地效仿。

二、美国发展乡村旅游的经验

（一）可持续发展为乡村旅游指明方向

乡村旅游区域大多位于生态环境较为脆弱的地区，这些地区生态环境较为脆弱，稳定性不强。人们在开发和运用旅游资源的过程中必然会面临自然资源开发和经济发展之间的矛盾。乡村旅游蓬勃发展的过程中必然会给生态环境保护带来诸多压力。美国是最早诞生可持续发展概念的国家之一，其在乡村旅游发展过程中，始终将可持续发展理念放在首位。纷纷出台相关的法律制度以及政策以确保乡村旅游的长效发展。例如，美国田纳西州限定每次游览的人数并建立环境破坏补偿机制；美国城市与住房发展部在 21 世纪初推出"社区挑战计划"，拨款振兴乡村地区的中心街区、特色街道以及培育具有民俗风情的乡村建筑景观[10]。另外，美国政府鼓励在乡村旅游的发展过程中应用新型环保技术，例如堪萨斯格林伯格的当地政府利用节能、减排和绿色能源技术改造整个村庄并建立大型风力发电厂，在显著减少农户电费开支的同时吸引大批希望体验绿色生态文化的游客前来参观，使得该地成为乡村旅游的热点地区。

（二）政府、协会、高校为乡村旅游提供支持

美国政府相继出台多项法令、政策以促进乡村旅游的发展。例如19世纪末至20世纪初，富兰克林、威尔逊政府出台了一系列法令来保护乡村旅游地的生态景观。罗斯福新政时期，为了改善乡村地区的生活条件，政府又组织数百万人从事环境保护、基础设施建设等工作。此外，自罗斯福新政开始，美国政府积极实行经济和福利政策，提高了居民的人均收入水平，从而使得居民有能力进行乡村旅游消费。美国政府持续颁布政策法规以促进乡村旅游的发展。1992年，政府成立乡村旅游发展基金会以利用旅游产业促进乡村经济的发展[16]。美国的高校在乡村旅游中也扮演着重要角色，例如加州大学成立小农庄计划为经营乡村旅游的农户提供技术支持。美国自建国以来成立了"赠地学院"，学院的专家、学者成为推动乡村旅游发展的生力军，他们为政府发展乡村旅游建言献策、为农户提供服务培训等。不少企业、乡镇在政界、学界的支持援助下，因地制宜发展乡村旅游并取得了丰硕的发展成果。

（三）法治为乡村旅游提供有力保障

20世纪60年代开始，美国政府加大对警务的执法力度，有效降低了美国的犯罪率，为切实保护旅游者的权益营造了良好的环境。当旅游者的权益受到侵害时，可以采取多种方式维权。旅游者既可以向消费者保护局、联邦商业改善局等官方机构求助；也可以从消费者联盟、旅行企业行会等非官方组织获得帮助[10]。行政、司法机构将会严厉惩罚侵害旅游者权益的企业。官方和非官方渠道对消费者权益的保护将会倒逼企业不断改善经营方式，进一步提升旅游者的旅游体验；旅游者优质的旅游体验将会吸引其再次游览并向周边的朋友推荐，从而扩大乡村旅游的客源。

（四）体验性是美国乡村旅游的主要特色

美国的乡村旅游重视旅游者在旅游活动过程中的体验感,乡村旅游地积极向乡村旅游者呈现原汁原味的乡村文化与生活方式。有学者指出:"在旅游活动过程中获得满足的游客对企业或景区的价值更高",其原因是这类游客更愿意作出积极的评价,更倾向于再次购买[17]。美国十分重视游客的住宿问题,强调住宿不仅仅是旅游者休息的临时住所,而是他们旅游活动过程的有机组成部分,住宿本身就可以成为旅游目的地,为旅游者提供多样化、品质化的服务。美国的带薪休假制度与乡村旅游的体验性密不可分。美国的企业实行带薪休假制度,最典型的方式是员工工作期满一年后可以休息两周,休假时间普遍随着工作年限的增加而增加[18],休假制度可以让旅游者在出行时有效避开旅游高峰期,增加其在景区的停留时间,从而获得良好的旅游体验。

第四节　日本乡村旅游

20世纪60年代,日本传统农业产业的地位优势不再,农村人口大量外流导致农村空心化现象严重。日本政府积极采取措施、实施政策以化解农村发展的矛盾,乡村旅游因其能够提高收入水平而成为解决农村问题的重要措施。与此同时,随着生活压力的增大,城市居民愈加想要体验安宁、舒缓的生活方式。东京、京都等城市开始出现观光农园、休闲农庄,这一时期,日本乡村旅游的雏形出现[22]。20世纪70年代,为吸引城市人群,日本建立了专业化的农业观光园、农场,乡村旅游的发展进入"快车道"。20世纪80年代,城市资本、工业资本大规模入驻农业领域掀起了乡村旅游的开发热潮,各类休闲度假村相继建立,例如北海道的农业综合休养基地。日本的乡村旅游经过多年的发展,现在已经形成了集观光休闲、农业体验、文化教育等于一体的旅游产业。

一、日本乡村旅游的类型

（一）观光型乡村旅游

观光型乡村旅游以乡村田园风光或农产品为主要吸引物,吸引城市居民前往乡村游玩、消费。按照是否利用科学技术可将观光型乡村旅游划分为传统型和科技型两种类型。

传统型乡村旅游是指以特色农产品为吸引物,吸引旅游者参观、游览的旅游活动。日本传统乡村观光旅游的典型代表是时令果园。它根据果物的成熟季节定期向旅游者开放,并为前来参观游览的旅游者提供优质的旅游服务。游客既可以观赏、了解作物的生长和成熟过程,还能开展采摘活动,在欣赏乡村美景的同时体会劳作的乐趣。

科技型乡村观光旅游是指在农业生产过程和旅游活动中融入科学技术,例如运用科学技术种植作物,建设农副产品基地供游客观赏体验。农产品的生产过程因为高新技术的融入而变得新颖,例如野生蔬菜、药材蔬菜等让旅游者大开眼界,能够满足旅游者增长知识、拓展眼界的旅游需求。与此同时,可以利用农业高技术与乡村旅游结合展示新品种,利用生物多样性和人工培育的优势持续开发新品种,不断丰富乡村旅游的内涵。科技型乡村观光旅游在给旅游者带来全新旅游体验的同时也为乡村旅游地带来了高产高效的价值效益。

（二）休闲型乡村旅游

休闲型乡村旅游是以乡村的特色旅游资源为载体,注重旅游者的旅游体验。它能满足旅游者休闲娱乐、调养身心和自我发展等旅游需求。休闲型乡村旅游与传统型乡村旅游相比,前者能满足旅游者高层次的需求。休闲乡村旅游又可以细分为休闲娱乐型、康体疗养型和自我发展型三种类型 [23]。

休闲娱乐型乡村旅游的主要功能是缓解、释放工作压力。田园风光、悠闲的环境能够吸引大量旅游者。与此同时,通过持续开发参与性强、体验性强的项目以满足旅游者迭代更新的旅游需求。休闲农场是休闲娱乐型乡村旅游的典型,休闲农场充分利用自身的资源优势,将旅游业与农业有机结合。日本的农场可以分为专业型休闲农场和综合型农场,旅游者可以在专业型农场内观赏景观、参与农场开展的各类特色活动,还能参与农产品的生产活动。旅游者通过体验参与的形式能有效释放身心压力。综合性的休闲农场内设有草原区、森林区、活动区、服务区等不同的区域,丰富的旅游区域能为旅游者带来不同的体验。例如位于日本三重县伊贺市郊区的 mokumoku 亲子农场,农场核心区面积约 200亩,是一个集生产、加工、销售、教育体验、观光旅游、购物于一体的主题农场。

20 世纪 90 年代,日本逐渐步入"老龄化社会",日本有针对性地开发了具有保健功能的乡村旅游以顺应老人亲近自然、修养身心的需求。温泉旅游是日本保健型乡村旅游的典范。日本是世界上最大的温泉王国,全国有 2600 多座温泉。另外,日本还建立大批的旅游度假村以满足老人保健、疗养的需求。例如位于富士山下的静冈医养小镇是一个集健康、医疗、保健、度假为一体的新型康养基地。

自我发展型乡村旅游能够满足旅游者休闲放松和学习知识的双重需求,旅游者在享受休闲旅游时光的同时可以学习与探索知识。例如日本的观鸟旅游,旅游者通过旅游活动既可以学习鸟类知识,还能放松休闲和促进自我发展。日本在教育过程中强调自然教育,因此,学校开设农业活动选修课以帮助学生认识大自然。

（三）乡村文化型旅游

乡村文化型旅游将文化与旅游融合,在旅游活动中融入乡村民俗、传统民族文化。乡村文化型旅游能够满足旅游者汲取文化的需求。日本将自然资源与文化资源相结合,开发了特色鲜明、低碳环保的乡村旅游产品,既对樱花、雪景、河流、瀑布等自然景观进行了开发,也对特色美食项目等文化景观项目进行了开发。此外,日本充分利用其丰富的节庆活动,将节庆活动和旅游紧密结合,从而向旅游者展现当地的服饰、舞蹈、生产活动等地域文化,节庆活动因为其蕴含深厚的文化内涵而成为乡村文化旅游的新引擎。

二、日本发展乡村旅游的经验

（一）政府发挥主导作用

日本政府在乡村旅游过程中发挥主导作用,各级政府分工明确,行业协会和基层组织辅助参与政府的行动。首先,日本的乡村旅游在政府规划、政策引导和乡村旅游主管部门的通力合作下发展。其次，日本中央政府和地方政府分工明确、各尽其责。中央政府主要负责提供技术、资金、政策支持以及在产业类型、发展定位、盈利模式等方面进行详尽的设计[24]。日本将农林水产部门确定为乡村旅游的主管部门以保证规划以及政策的顺利推行，农林水产部门的主要工作是对行业进行监管并提供行业咨询和补助资金。地方政府则负责制定发展规划、宣传、营销等具体的工作。最后，日本政府以立法的形式帮助乡村旅游扫除发展中可能遇到的阻碍。日本为支持乡村旅游发展所出台的文件有《山村振兴法》《景观法》《温泉法》《农山渔村旅宿休闲活动促进法》《旅行业法》《酒店法》等[25]，政策文件为日本乡村旅游的发展提供完备的法律支撑。

（二）注重绿色可持续发展

日本乡村旅游的发展理念实现了由 20 世纪 80 年代单纯追求经济利益向回归自然、提升品质的转变，乡村旅游产品也朝着绿色、低碳方向转型升级[26]。日本政府深知绿色、低碳经济的发展与全民的生活方式息息相关。因此，政府及相关部门十分重视绿色、低碳教育的宣传工作，在制定法律法规的同时鼓励全民参与绿色、低碳社会的建设，通过网络、电视、杂志等各种途径向国民灌输节能、环保、低碳减排等相关的知识以及理念，积极号召国民践行低碳生活，例如减少一次性餐具的使用，减少私人交通工具的乘坐。在发展乡村旅游时亦是如此，一方面，在乡村旅游开发过程中，鼓励乡村旅游地的居民以各种形式参与到乡村旅游发展的全过程，并在规划、建设、运营等各个环节中，充分考虑当地居民的诉求。另一方面，通过免费发放宣传手册，倡导乡村旅游者在旅游活动过程中践行低碳、绿色理念，例如号召游客在酒店尽量减少使用一次性用具，在景区游览时自觉将垃圾放置垃圾箱。与此同时，日本将开发低碳乡村旅游产品作为重点，根据不同的环境条件、区域特色、经济状况等条件，打造符合当地经济水平和环境容量的乡村旅游产品。日本乡村旅游合理地利用当地的旅游资源，开展了诸如乡村体验游、饮食游等既能代表乡村特色又低碳环保的旅游活动。在促进乡村经济增长的同时，保持自然环境不受破坏，走上了乡村旅游低碳化、绿色化的发展道路。

（三）乡村旅游类型丰富

日本乡村旅游的成功发展离不开其丰富的旅游类型和旅游产品。日本乡村旅游主要有以下几种。第一，以时令果园为典型的观光型乡村旅游。日本城镇化水平的提高使得农业用地面积逐渐缩小，时令果园凭借其集约、单位面积经济效益高等显著优势备受旅游者青睐[27]。时令果园根据时令向旅游者开放不同的园区，旅游者在欣赏与品尝果实的同时体验采摘的乐趣。第二，以农场为典型的休闲型乡村旅游。农场分为专业性农场和综合性农场，前者融合农业生产、休闲体验，凸显乡村旅游价值；后者集参观体验、娱乐购物等功能于一体。第三，以节庆活动为典型的乡村文化型旅游，具有地方特色的稻神祭、丰年祭等极具神秘色彩的活动已经演变成旅游节庆活动，节庆旅游活动凭借其文化性、体验性、神秘性成为吸引游客的重要形式。

（四）走产业集群化发展道路

随着人民生活水平的提升，旅游者的旅游需求和消费偏好均发生了深刻的变化，他们对旅游产品的类型、特点、品质等提出了更高的要求。因此传统的景观观赏已难以满足旅游者多元化、个性化的旅游需求。日本在发展乡村旅游时，为满足乡村旅游者的旅游需求，以村、镇为单位整合特色资源，在最大限度保证乡村旅游原汁原味的同时培育了自己独特的品牌。日本的乡村旅游以观光游览、体验休闲、文化教育为主，这几种类型囊括了自然风光、放松休闲、历史文化等多个领域。乡村旅游产业的集群化发展是日本乡村旅游可持续发展的关键所在。乡村旅游关联企业创新并衍生出乡村旅游服务产业链，例如北海道的中札木村有序打造农业、农村、乡村旅游品牌，并不断推广，最后形成品牌合力，增强了当地乡村旅游品牌的竞争力[28]。

本章参考文献

[1] 周静,卢东,杨宇.乡村旅游发展的起源及研究综述[J].资源开发与市场,2007（8）：764–765+733.

[2] 祝捷,黄佩佩,蔡雪雄.法国、日本农村产业融合发展的启示与借鉴[J].亚太经济,2017（5）：110–114.

[3] 刘洁. 法国乡村旅游发展经验的启示 [J]. 现代企业文化（上旬），2017（Z1）：134-135.

[4] 马潇. 法国乡村旅游及对我国的启示 [J]. 上海农村经济，2019（1）：33-35.

[5] 张建强，陈梦薇，黄学彬. 法国乡村旅游发展经验对我国乡村振兴的启示 [J]. 中国商论，2021（12）：36-39.

[6]Thomas Streifeneder. Agriculture first: Assessing European policies and scientific typologies to define authentic agritourism and differentiate it from countryside tourism [J]. Tourism Management Perspectives, 2016,（20）: 251-264.

[7] 娄在凤. 法国乡村休闲旅游发展的背景、特征及经验 [J]. 世界农业，2015（5）：147-150.

[8] 马潇. 基于法国经验的中国乡村旅游业发展研究 [J]. 粮食科技与经济，2018,43（9）：86-88.

[9] 庞艳华. 乡村振兴背景下河南省乡村旅游的营销策略研究 [J]. 农业经济，2022（4）：141-142.

[10] 朱寅健. 乡村旅游：美国经验与中国借鉴 [J]. 西华大学学报（哲学社会科学版），2020,39（2）：66-73.

[11]Brown D M. Rural Tourism: An Annotated Bibliography [R/OL]（2015-01-29）.

[12] 余青，韩淼. 美国国家公园路百年发展历程及借鉴 [J]. 自然资源学报，2019,34（9）：1850-1863.

[13] 董二为. 美日韩国家公园如何开展游憩 [J]. 中国林业产业，2019（Z1）：158-160.

[14] 郭志敏. 农业旅游的优劣势及多样化发展路径研究 [J]. 农业经济，2022（2）：141-142.

[15] 美国纳帕谷的特色小镇集群之路 [J]. 中国合作经济，2019(6)：35-37.

[16]EDGELLDL S R, SWANSON J R. Tourism policy and planning: Yesterday, today, and tomorrow [M]. New York: Routledge,2013：47-48.

[17]COOK R A, HSUCC, Tourism: The business of hospitality and travel[M]. New Jersey: Pearson,2014：70-71.

[18] 罗森布鲁姆 JS. 员工福利手册 [M]. 杨燕绥, 等译. 北京: 清华大学出版社, 2007: 302.

[19] 武瑞营, 张耀宇, 石伟达. 河北省乡村休闲旅游可持续发展研究 [J]. 合作经济与科技, 2019（22）: 34-35.

[20] 汉思. 美国乡村旅游发展经验对我国的启示 [J]. 农业经济, 2018（5）: 143-144.

[21] 王露. 中外乡村旅游内涵及发展模式比较 [J]. 中国名城, 2017（3）: 71-79.

[22] 丁晓燕, 孔静芬. 乡村旅游发展的国际经验及启示 [J]. 经济纵横, 2019（4）: 79-85.

[23] 李巧莎. 日本乡村旅游模式探索及案例分析 [J]. 现代日本经济, 2020, 39（2）: 72-80.

[24] 肖艳玲. 中日两国乡村旅游发展比较研究 [J]. 改革与战略, 2018, 34（5）: 61-66.

[25] 徐畅, 张军, 陈晓东, 等. 日本乡村旅游发展对振兴中国乡村的启示 [J]. 现代商贸工业, 2021, 42（35）: 39-40.

[26] 段会利. 结合日本经验论我国乡村观光旅游产业的发展策略 [J]. 农业经济, 2017（9）: 35-37.

[27] 杨宏. 新型城镇化背景下中国农业旅游发展路径探讨——基于日本农家乐旅游的分析 [J]. 世界农业, 2016（12）: 228-233.

[28] 赵爱民, 陈晨, 黄倩倩, 等. 日本乡村旅游品牌发展路径及启示 [J]. 世界农业, 2016（5）: 171-175.

[29] 侯艳艳. 浅析承德乡村旅游开发中政府职能作用的发挥 [J]. 品牌, 2015（8）: 87.

[30] 戴丽霞. 乡村旅游环境保护法律监督制度探讨——以海南为例 [J]. 农业经济, 2017（9）: 38-40.

[31] 王磊. 乡村旅游重塑与再造——基于国际经验的思考 [J]. 商业经济研究, 2017（9）: 188-190.

[32] 吴国琴. 论旅游业绿色转型的困境及其路径 [J]. 河南师范大学学报（哲学社会科学版）, 2015, 42（5）: 186-188.

第六章

国内乡村旅游高质量发展的典型案例

我国的乡村旅游经过不同的发展阶段,到如今,已经成为我国旅游业的重要组成部分,在减少城乡差异、促进现代农业发展、改善乡村环境、增加农民收入、解决贫困地区的贫困问题等方面发挥着重要的作用。在乡村旅游发展过程中涌现了一些乡村旅游高质量发展的典型案例,它们代表了我国乡村旅游发展的较高水平,也见证了我国乡村旅游从无到有、从弱到强的发展历程。

第一节　国内乡村旅游的起源与发展历程

一、国内乡村旅游的起源

有学者认为,我国在古代就已经有了乡村旅游的雏形。《管子·小问》中记载:"桓公放春,三月观于野。"说明齐桓公在阳春三月到郊外乡野享受自然,欣赏美景。这是我国"春游"一词的最早出处。同时,据史料记载,当时的人们外出郊游已经有了使用马车的历史,并且会在目的地过夜,因此也有了旅馆的记载。虽然当时没有乡村旅游这个概念,但这种踏青活动与现在的乡村旅游有很多相似之处。因此,我国先民的春游活动可视为我国乡村旅游活动的雏形,我国的乡村旅游最迟也应产生于有历史可查的春秋战国时期[1]。

关于中国近代乡村旅游的起源,学术界和产业界有不同的说法,目前主要存在两种说法。一种认为中国乡村旅游起源于深圳。20世纪80年代后期,深圳作为第一批沿海开放城市,为了吸引更多的投资商来深圳投资,以获得足够的资金发展经济,深圳在20世纪80年代举办了"荔枝节",随后又在城郊开办了水果采摘园,不仅让投资商看到了深圳发展的潜力,同时也吸引了大量游客来访,活动取得的效益是巨大的。有了深圳这个典型样本,其他地区也开始纷纷效仿,发挥各地的优势农产品资源,打造独具特色的观光农业产品[2]。另一种认为中国乡村旅游起源于成都。1986年,位于成都近郊的郫县农科村徐家大院花卉苗木种植户从最初的接待商务考察逐渐发展到接待普通市民游客,形成了以乡村风貌和园林景观为主要吸引物的集游玩、休闲、餐饮等为一体的农家庭院休闲旅游经营方式,其主要特点是"吃农家饭,住农家院,做农家活,看农家景,享农家乐",因此也被称为"农家乐"。这种农村休闲方式得到了周边城市居民的喜爱,农家乐如雨后春笋般很快遍布了成都市周边的郊县[3]。

二、国内乡村旅游的发展历程

从 20 世纪 80 年代末期开始,我国现代产业意义上的乡村旅游经历了 30 多年的发展历程,取得了长足的进步。回望历史,可以将我国乡村旅游的发展分为四个阶段,分别为自发发展阶段、引导发展阶段、高速发展阶段、高质量发展阶段。

（一）自发发展阶段（1986—1997 年）

20 世纪 80 年代末期在我国城郊地区诞生的农家乐开启了中国乡村旅游的序幕,引发了当地农民的效仿,大家纷纷整合家庭资源,自发办起家庭旅馆和庭院餐厅,乡村旅游从此走上历史舞台。1995 年 5 月 1 日开始,我国实行双休制度,1999 年开始又将春节、五一、十一假期列为黄金周,使得人们有了更多的闲暇时间,为城市周边的乡村旅游提供了时间上的保障,乡村旅游得到了更大层面的发展。与此同时,乡村旅游的兴起逐渐引起了全社会的关注,1989 年 4 月"中国农民旅游协会"正式更名为"中国乡村旅游协会"。

这一阶段以农村生活为题材的旅游活动逐渐增多,但乡村旅游的功能和产品还比较单一,总体呈现自发性、零散性的特点,为乡村旅游进一步发展奠定了基础。

（二）引导发展阶段（1998—2005 年）

经历了自发发展阶段,乡村旅游在全国各地得到了迅速发展,逐渐引起了政府部门的重视。1998 年国家旅游局推出"华夏城乡游"旅游主题和"现代城乡,多彩生活"旅游口号,吸引了大批旅游者涌入乡村。由此,农家乐开始由农民自发组织逐步过渡到有领导、有组织的政府引导发展阶段。2001 年、2002 年,继制定了《农业旅游发展指导规范》和《全国农业旅游示范点检查标准》,对引导和规范乡村旅游的发展起到了重要的推动作用。

这一阶段仍以农家乐为主,乡村旅游仍处于发展的初级阶段,国家和地方政府开始有意识地进行引导和规范,相关政策主要由文化和旅游部和农业农村部制定和颁发。

(三)高速发展阶段(2006—2016年)

2006年,国家旅游局确定了"中国乡村游"的旅游主题,提出"新农村、新旅游、新体验、新风尚"的旅游口号,把乡村旅游建设推向了高速发展阶段。同时发布《关于促进农村旅游发展的指导意见》,提出"发展农村旅游是参与社会主义新农村建设的积极实践、是以城带乡的重要途径、是推动旅游业成为国民经济重要产业的主要力量",对乡村旅游的重要作用进行了国家文件的正式表述。同年,乡村旅游被国务院写入"十一五"规划,明确提出把发展休闲观光农业作为挖掘农业增收潜力、增加农民收入的重要举措。2013年国务院颁布《国民旅游休闲纲要》,在更高层次对乡村旅游进行了引导。

相比前两个阶段,这一时期的乡村旅游发展在速度和质量方面都有了显著提升,产品形式从单一的农家乐发展为乡村养老旅游、乡村教育旅游等多元化方式。政府关注度越来越高,政策支持也逐步细化和具体,在基础设施、公共服务、资金扶持等方面给予了重点关注。

(四)高质量发展阶段(2017年至今)

2017年中央一号文件明确提出"聚焦农业供给侧结构性改革,大力发展乡村休闲旅游产业",这是中央一号文件发布14年来,首次从产业发展的高度提出大力发展乡村休闲旅游产业,我国的乡村旅游由此进入产业化发展时代[4]。党的十九大报告提出经济高质量发展的新表述,也为乡村旅游发展转型提质奠定了理论基础,多地政府制定了乡村旅游高质量发展的实施方案。2017年、2018年,国家发改委联合国家多个部委发布《促进乡村旅游发展提质升级行动方案(2017年)》《促进乡村旅游发展提质升级行动方案(2018年—2020年)》。

这一阶段,经过多年的快速增长,旅游者需求不断提高,转型提质和高质量成为乡村旅游发展的重点,乡村精品民宿、乡村特色小镇不断涌现。此外,乡村旅游开始与互联网、体育、教育、康养、地产、文创等其他产业不断融合,乡村旅游的产业辐射效应进一步凸显。

表 6-1　我国乡村旅游的发展历程

阶段	时间	标志性事件	特点
自发发展阶段	1986—1997年	1986 年成都徐家大院以农家乐方式接待普通市民游客	乡村旅游产品比较单一,总体发展呈现自发性、零散性
引导发展阶段	1998—2005年	1998 年国家旅游局推出"华夏城乡游"	国家和地方政府开始有意识地进行引导和规范
高速发展阶段	2006—2016年	2006 年国家旅游局确定"中国乡村游"旅游主题	乡村旅游发展速度和质量都有了显著提升,政府政策支持也逐步细化和具体
高质量发展阶段	2017 年至今	2017 年中央一号文件从产业发展的高度提出大力发展乡村休闲旅游产业	转型提质和高质量成为乡村旅游发展的重点,乡村旅游产业融合进一步加强

第二节　四川三圣花乡乡村旅游

一、发展概况

(一)三圣花乡简介

三圣花乡发展历史悠久,以花闻名,利用花卉资源发展起来的特色乡村旅游活动,国内外知名度都很高。三圣花乡既注重自然资源,同时也将文化放在了重要位置,是大陆乡村旅游的发源地。三圣花乡位于四川省成都市锦江区三圣街道,是我国大陆乡村旅游的发源地,有"中国花木之乡"的美誉,包含红砂村、幸福村、驸马村、万福村、江家堰村五个村。三圣花乡的休闲观光农业和乡村旅游非常出名,是一个集休闲度假、观光旅游、餐饮娱乐、商务会议等于一体的城市近郊生态休闲度假胜地,目前主要景点有花乡农居、罗家花园、王家花园、荷塘月色、幸福梅林,并称为成都"五朵金花",已经成功创建国家 4A 级景区。

（二）发展历程

1. 初步发展阶段

"三圣"一名源于三圣庙,三圣庙最初修建时是为了供奉炎帝、黄帝和仓颉,之后变为供奉刘备、关羽、张飞,"三圣乡"由此得名。三圣乡的花卉种植很有名,是成都重要的花卉集散地,所以又被称作"三圣花乡"。20世纪,三圣花乡由于地处城乡结合部,对这里的规划不能让其作为建设用地,因此经济十分落后。但在2003年,三圣花乡政府争取到了"四川首届花博会"的承办权,此次花博会一共举办了7天,共吸引游客103万人次。巨大的人流量为三圣花乡带来了发展机会,伴随大量游客而来的是对住宿、餐饮和各种基础服务设施的需要。于是一些居民就把自己的住宅改装成民宿,提供一些基本的餐食,三圣花乡的农家乐开始出现。居民的收入开始逐渐增加,收入的提高让红砂村率先看到了发展机会,凭借优质的花卉资源,创办了"花乡农居"品牌,同时开办农家乐为游客提供便利,整个红砂村逐渐成为一个特色生态旅游休闲地。有了红砂村的带动,其他村庄也开始利用村子的特色资源走上了旅游发展道路,三圣乡"五朵金花"的发展格局逐步形成,三圣花乡的品牌也逐渐确立起来。

2. 蓬勃发展阶段

自花卉博览会之后,三圣花乡有了一定的知名度,为了加快发展速度,三圣花乡将五个村子的特色文化和资源进行了整合,最终形成"五朵金花"。"花乡农居"位于红砂村,这里种植花卉的历史悠久,种植规模很大,村民主要的收入来源便是花卉种植,是西南地区最早发展花卉产业的地区之一。"幸福梅林"位于幸福村,这里的梅花种植面积大、品种多,是全国四大梅林之一,利用梅花资源,景区内修建了众多与梅花有关的人文景观。"荷塘月色"位于万福村,荷花多以观赏性荷花为主,景色别致,还会举办以荷花为主题的活动。"东篱菊园"位于驸马村,是一处拥有美丽菊花美景和丰富菊文化的观光休闲农业、乡村旅游度假胜地。"江家菜地"位于江家堰村,种植的蔬果在成都市有很高的知名度。"五朵金花"不同季节各有其特色,五个景点不仅体现了三圣花乡的旅游资源种类丰富而且品质较高。有了特色的旅游吸引物,加之三圣花乡的基础设施不断完善,旅游发展越来越专业化,基于乡村农业资源和乡村文化的旅游业快速发展起来。

3. 转型升级阶段

从 2019 年开始,三圣花乡开始提档升级,将资源优势和文化优势充分发挥,技术和文旅相结合、商业和文旅相结合,着重发展文化旅游产业。三圣花乡有着种植花卉的悠久历史,在此基础之上深度挖掘梅、菊、荷的深层文化内涵,让单一的花卉种植增加了文化附加值,提高了旅游资源的经济价值。依据不同花的文化内涵举办主题活动,例如在"幸福梅林"依托梅花所代表的品质内涵,打造了"岁寒三友"主题梅园,将传统的农业经济转变为现代休闲旅游发展模式,二者相互推动,使文化和农业相得益彰。其次,三圣花乡重视品牌推广,通过梅花节、菊博会等平台,对旅游产品进行包装,提高知名度。打造特色旅游项目、发展体验式旅游等发展模式,让三圣花乡的旅游得到了更好的发展,居民的收入也有了显著增加。三圣花乡的提档升级还吸引了不少外来投资者和返乡创业人员,为当地乡村振兴发展注入了内在动力,这为三圣花乡能迅速抓住机遇提供了坚实基础。景区围绕"生态优先,绿色发展"理念,继续把"五朵金花"品牌做大做强,充分做强"旅游 +"业态,把三圣花乡打造成全龄、全季、全时段的旅游首选地[6]。

表 6-3 三圣花乡发展历程

阶段	时间	发展特色	主要旅游活动
初步发展阶段	2003—2004 年	知名度提升,游客增加	赏花
蓬勃发展阶段	2005—2018 年	整合资源,收入增加	五朵金花主题活动
转型升级阶段	2019 年至今	文旅融合,做大做强	花卉体验活动

二、主要产品

(一)休闲度假产品

三圣花乡的农家乐是很多游客会选择的休闲度假产品,三圣花乡目前共有农家乐 200 多户,分布在以"五朵金花"为界的区域内,大多数都是当地居民自主经营的。三圣花乡农家乐可以提供住宿、餐饮、娱乐、购物等服务。

（二）观光产品

三圣花乡生态环境良好，当地政府通过实地调研三圣花乡的旅游资源，因地制宜，对景区进行合理规划和科学设计，推出了众多特色鲜明、景色优美的观光旅游产品。"五朵金花"各具特色，在花乡农居花卉种类众多，环境优美，是赏花的最佳选择。幸福梅林是赏梅品梅的不二之选，梅林区域还有带有川西民居特色的农户600多户，整个景区古朴素雅。

（三）体验产品

三圣花乡除了著名的"五大金花"外，一些体验性旅游产品也获得了大众认可。如高架草莓采摘园，和普通的大棚草莓采摘不同，这里的草莓是种在高架上的，在采摘时不用担心草莓会有淤泥和虫子，也不用游客低腰下去，能让游客获得良好的采摘体验。另外，三圣花乡的农家乐推出了很多体验性的项目，能够体验采摘和自助烧烤的乐趣。

三、成功经验

（一）深度挖掘文化内涵，创新农村文化发展模式

三圣花乡的"五朵金花"处处都体现着丰富的文化内涵，以幸福梅林为例，深挖梅花的文化内涵，赋予了梅花更多的表现形式，建设梅花知识长廊，让游客能更加了解梅花；打造"精品梅园""梅花三弄"等主题梅园，让游客能更近距离地观赏梅花；以梅花为原料，制作与梅花有关的美食，不仅延长了产业链，还能使游客印象深刻。除了在景区上下功夫，三圣乡还注重在细节上体现文化内涵，农家乐经营者充分利用自己的民居，按照川西民居的风格加以改进，每户不同的改造思路又让农家乐呈现出别样的特色，在取名上也是深思熟虑，充满诗情画意。在景区，居民为了丰富景区的整体环境，会在自己的房屋墙上画画，别有一番风味。三圣花乡注重提升文化内涵，提升景区附加值，以农村为基本载体，以文化为灵魂，以文化旅游为表现形式，切实做到了文旅融合发展。

（二）政府的大力扶持和统一规划

发展乡村旅游离不开政府的政策扶持和资金投入，需要制定出科学的发展规划，找到正确的发展方向，让政府在乡村旅游的发展过程中起导向作用。三圣花乡自第一届花博会后，知名度和旅游发展都有了提升，但随着时代的发展，也遇到了一些瓶颈：如景区环境下降，景区产品出现同质化现象，游客的消费层次较低，景区之间缺乏整体规划。针对这些问题，锦江区政府首先加大对基础设施建设的投资，治理环境，修建道路，完善乡村水电、公共厕所等基础设施。环境和基础设施的改善，为游客提供了更加舒适便利的旅游环境，也给居民带来了更多的收入。其次政府以"花乡农居"为起点，寻找景区发展新模式，通过加大财政投入吸引社会资本的投资，引进文化创意产业、民宿93家，培育花创花艺企业14家，新增网红打卡地12处。在锦江区委、区政府的政策支持和资金投入下，三圣花乡景区的旅游发展模式和游客的旅游质量都实现量变和质变。"进可繁华，退可田园"的都市旅游新模式吸引了很多省内外游客。从2021年提档升级后开始营业以来，在节假日和周末的游客络绎不绝，频频入围四川省热门旅游景区。

（三）加强村民培训，保障村民利益

村民是三圣花乡旅游发展的主要参与者，村民素质的高低、服务能力的好坏直接决定了游客的旅游体验。为了提升三圣花乡的旅游发展水平，成都市的旅游部门下发了《成都市农家乐旅游服务暂行规定》等文件，对村民进行严格培训，提高村民的综合素质，邀请专家对村民进行接待礼仪、烹饪技巧的培训，提高服务能力。三圣乡对农民参与旅游提供了坚实的保障，原本农民的收入来源于单一的花卉种植地销售，现在转变为多种收入方式，即土地流转收入、农宅出租的租金、经营农家乐或到村里旅游企业打工赚取的薪金、参与村集体经济、土地入股、建乡村酒店等经营企业可保底分红的股金、达到社保条件后领取的养老金或低保金等，给了农民更多的收入保障和参与到三圣花乡旅游发展中的动力。

第三节 云南阿者科村乡村旅游

一、发展概况

（一）阿者科村简介

阿者科村是一个传统的少数民族村落，为了改善村民的生存状况，阿者科村积极将村内资源进行合理利用，既保护了村子的原始风貌，又将资源优势转化为了经济优势，给村民带来了可观的收入，是乡村旅游扶贫的成功代表。阿者科村是一个哈尼族村落，位于云南省红河哈尼族彝族自治州元阳县新街镇，哀牢山的半山腰的红河哈尼梯田是世界文化遗产，阿者科村就坐落在梯田的核心区内。阿者科村里有 60 多户哈尼族人家，村内保留了比较完整的哈尼族风貌。原本哈尼族人民并不居住在现在这个区域，而是在高原上过着游牧生活，为了躲避战乱而迁徙到如今的云南昆明一带，一部分哈尼族来到了红河一带，开始在哀牢山上修建梯田，建造居住的蘑菇房，开始了农耕文明，一代接着一代，阿者科村就在哈尼族人民勤劳中形成了。阿者科村的居民有着哈尼族原始自然崇拜，他们看重生态，从而形成了典型"森林—水系—梯田—村庄"的山水格局。2014 年，阿者科村被命名为第三批"中国少数民族特色村寨"，是"全国乡村旅游重点村"，也是"中国美丽休闲乡村"。

（二）发展历程

1. 无序发展阶段

阿者科村位于山区，道路交通不便，村民大多从事农业生产，气温和降水量非常适合种植水稻、玉米等农作物，在很长的一段时间内保持着原始的种植文化，受外界的冲击和影响较小，因此保留了比较完整的民俗文化和传统节庆。电影《无问西东》曾在阿者科村取过景，电影上映后一度变为网红打卡地，一时间很多游客来到阿者科村游玩打卡，但突然爆发的游客量让原始的村子难以接受，接待能力不足，同时村民在面对众多游客时缺乏一定的组织,导致整个过程处在一种无序发展的状况,一些游客和居民的不文明行为也让阿者科村的生态环境受到威胁。

2.规范发展阶段

为了改善阿者科村的经济状况,增加村民的收入,元阳县政府邀请了中山大学旅游发展规划中心的专家,对阿者科村的旅游资源进行了翔实的调研,制定了专门针对阿者科村的"阿者科计划",阿者科计划的三大核心目标是文旅融合、遗产保护和乡村振兴,专家团队认为,首先应该对阿者科村的传统民居和特色梯田进行保护性开发,保护世界遗产的重要性大于发展经济。根据专家团队编订的计划,村子里成立了旅游公司,与村民签订协议,禁止出租和出售房屋,村寨的经营权归属旅游公司,由旅游公司负责村子日常的旅游发展事务,最后取得的收入公司和村民3∶7分成。同时,为了鼓励村民保护传统的村寨和文化,在收入分成时,将村民的分红按照四个部分逐一分发,分别是传统民居保护分红、梯田保护分红、居住分红和住宅分红,如果村民没有保护好民居和梯田,那么这一部分的分红就没有了。由于阿者科村的村民接收外界文化较少,所以会存在一些不文明的行为,"阿者科计划"通过村规来对村民进行约束,减少不文明行为,同时派驻专家对村民进行相关的旅游培训,提高村民的素质。

"阿者科计划"从2018年开始实施,成立旅游公司,培训村民,整治落后乡村,开发旅游,到2019年开始第一次接待游客,同年进行了第一次分红,截至目前已经进行了6次分红,事实证明,阿者科村的发展潜力是巨大的。这几年来,村容村貌发生了巨大改变,基础设施改造、环境治理等改变了村落脏乱差的环境,不仅为旅游发展提供了良好的环境,也改善了村民的居住环境。而且村民的收入得到了显著增加,阿者科村的经济发展探索出了一条前景宽广的道路。

表6-4　阿者科村发展历程

发展阶段	时间	特点
无序发展阶段	2018年以前	组织混乱、不文明现象频出
规范发展阶段	2018年至今	在保护的基础上发展旅游

二、主要产品

(一)梯田景观

阿者科村寨三面都是梯田环绕,村落略高出一点儿,从上空鸟瞰全景,仿佛一颗拉长了尾巴的爱心,而这条"尾巴",就是通往村落的那条原始石头路。红河的哈尼梯田是世界文化遗产,知名度较高。阿者科村的梯田就位于哈尼梯田的核心区,阿者科梯田都是在哀牢山上建造的,从山脚一直到山顶,春季是观赏梯田最好的季节,梯田此时在云雾的笼罩下呈现出一种朦胧美,不仅可以看到迷离的云海,还可以看到鲜艳的花朵,梯田在云海和植被的映衬下显得更加有层次感。天气好的时候梯田倒映着天空,上面是蓝天白云,下面也是蓝天白云,景色十分优美。

(二)古老的蘑菇屋

蘑菇屋是阿者科村民世代居住的房屋,也是哈尼族最古老的民居,因为其外形像蘑菇而得名。现在的阿者科村中,至今保存着60多座原始的蘑菇屋,是目前保存蘑菇屋最多,同时也是保护得最好的村落,所以十分珍贵,阿者科计划的专家认为只有将这些古老民居保护起来,阿者科村才能吸引更多游客来参观,因此禁止村民出租和出售房屋,保护民居也和分红挂钩。现在的蘑菇屋大多都被改造成了特色民宿,蘑菇屋承载着一代代哈尼族人民的文化,在蘑菇屋内可以体验到哈尼族特色风味美食,如哈尼红米饭和酸汤鱼。整个村子的民宿的价格不算高,环境干净整洁,设施齐全,对于外地的游客来说,住一晚蘑菇屋,早上起来推开窗就能看到美丽的梯田,吃一顿特色的哈尼美食,才算不虚此行。

(三)传统节庆和技艺

阿者科村保留着很多传统的手工技艺、传统的节庆和服饰,传统节庆如祭龙节,是哈尼族最重要的祭祀节日,每年农历二三月间举行;还有尝新节,又称"吃新谷节",每年农历七月的第一个龙日举行。传统的技艺有草编手艺,制作传统服饰,还有榫卯手艺等。但是现在年轻人掌握手工技艺的很少,传承也面临着后继无人的困境[7]。阿者科村旅游公司成立后,鼓励掌握服饰、榫卯和竹编等技艺的村民,在游客来访时进行传统技艺的展示,并向游客售卖有关的工艺产品,这不仅是对哈尼族传统文化的一种传承,让本村的村民意识到传统文化是可以重新赋予价值的,还可以让外来游客了解传统文化,通过游客的口口相传和购买纪念品扩大当地文化的影响力。

三、成功经验

(一)高素质人才的派驻和带领

云阳县政府为了促进阿者科村的发展,增加经济收入,联系到中山大学保继刚团队,携手元阳县委县政府指派的青年干部王然玄驻扎在阿者科村,指导村民执行"阿者科计划",村民高烟苗被村民们推选为村集体旅游公司总经理。中山大学团队从2018年"阿者科计划"开始以来,保继刚教授团队会同时派两名研究生驻扎到村里,每批任期至少半年。截至目前,已向阿者科村共派驻了7批14名研究生。这些派驻的研究生会参与旅游项目的前期的计划设计与后期落地实施,对村民进行专业指导,帮助村民重点完成村集体旅游公司相关业务框架建设,通过实地调研,开发适合阿者科村发展的旅游产品,帮助村子的旅游公司进行旅游管理运营、加大旅游宣传的力度,运用专业知识培养能够担任阿者科村旅游发展管理工作的人员,同时还担任支教老师的身份,对村子里的儿童进行教育。有专业人才的带领,阿者科村的发展才有了正确的方向,研究团队对阿者科村文化资源的整体发展规划,为哈尼梯田传承创新提供了新的契机[8]。以前游客来到阿者科村,总是简简单单地看一下打个卡就离开,现在游客来到阿者科村,不仅会认真观赏梯田美景,住进原始的哈尼族传统民居蘑菇房,而且还可以体验原真性的文化旅游,购买到喜欢的旅游纪念品,这一切都离不开中山大学驻村研究生们的辛苦付出。

(二)注重资源保护和规则的制定与实施

阿者科村位于哈尼梯田内部,是哈尼梯田遗产区的五个申遗重点村寨之一,哈尼梯田被评为世界文化遗产后,阿者科村因其保存较好的民居蘑菇屋备受瞩目,世界遗产带来的效应让阿者科村外来游客数量增加,但随着社会经济发展,城市工业文明早已取代了农耕文明,阿者科村保留下来原始的农耕文明无法使阿者科村获得进一步的发展,因此大量的年轻人选择外出务工,加之阿者科村受地形因素的限制,经济发展缓慢,全村 64 户 479 人,人均受教育水平较低,面临着村寨"空心化""富饶的贫困"等问题。

"阿者科计划"为阿者科村带来了专业的研究人员,首先对村民进行集中的培训和管理,提升村民保护村内原始的居住环境和文化遗产的意识,比如耕作的梯田,居住的蘑菇屋,并且制定严格的分红制度,分红的多少与保护程度挂钩来对村民进行管理和指导,通过对阿者科发展历史的追寻,寻找阿者科的旅游资源,设计旅游线路与产品。其次,为阿者科村的发展制定了详细的计划,计划分为三个阶段,从 2018 年到 2030 年,通过阿者科村旅游的带动,实现阿者科村从实现旅游脱贫——达到小康水平——全村基本实现旅游致富的蜕变,根据阿者科的现状而制定的三个发展阶段,这三个目标主要集中于遗产保护、旅游开发与脱贫攻坚,并且规定了"四不"为底线来发展旅游:不得出租、出售、破坏传统民居、不得引进社会资本来发展旅游、不得让村民无序发展旅游业、不得破坏传统 [9]。同时,在发展过程中,研究团队为阿者科制定了严格的规则,这些规则能让每一位村民都能参与到村子旅游项目的前期决策、中期评估、后期的经营与管理中,村民是最了解和熟悉阿者科村的,通过村民的参与,了解他们的想法和意见,学习他们的知识、经验,让村民对村子发展产生一种责任感,把村子的发展看作是自己的事,村民的态度由一开始的不理解到参与分红后的感激,村民态度有了很大的转变,参与度也明显提高。

(三)乡村旅游扶贫的推动

随着贫困地区对旅游发展的重视,乡村旅游产业规模不断扩大、业态不断丰富、内涵不断拓展。越来越多的游客开始将旅游的注意力从城市转移到乡村。阿者科村在没有开发旅游之前,经济发展十分落后,产业以种植业和畜牧业为主,村民的收入很低,很多文化遗产和资源都不为人所知,旅游资源的价值没有得到充分发挥,也缺乏必要的资金进行保护。"阿者科计划"实际上就是一个旅游扶贫计划,让阿者科的旅游资源经过改造包装,以完美的状态呈现在游客面前。不依靠社会资本的支持,完全依靠村子的资源,收取入村门票,提供住宿和各种体验项目,增加村子收入。"阿者科计划"把阿者科作为乡村旅游脱贫的样本,不仅给元阳哈尼梯田的发展提供了新的思路,更是一种实践检验理论、实践创造理论的新路径,为全球旅游减贫提供一个中国的解决方案,找到一条可持续的旅游减贫之路[10]。

第四节　浙江莫干山乡村民宿旅游

一、发展概况

(一)莫干山简介

莫干山是一个靠近大城市的乡村旅游目的地,优美的自然风光和特色民宿是莫干山吸引游客的最大凭借物。莫干山的民宿不同于其他地区的同质化的民宿,充分利用了莫干山的文化和自然特色,形成了独具风格的民宿群,各种风格应有尽有,是中国乡村民宿的业界标杆。莫干山位于浙江省湖州市德清县的西部山区,是我国著名的避暑胜地之一,莫干山是天目山的余脉,绵延起伏的山峰造就了莫干山秀丽的风景。莫干山因"三胜"和"四优"而闻名中外、覆盖面积大、品种多样的竹林,变幻万千、仿佛与世隔绝的云海;以及百余道清澈美丽的飞瀑山泉为"三胜";感受清新宜人、景色满目翠绿、避暑凉爽舒适、幽谷安静如世外桃源,清、绿、凉、静为"四优",享有"江南第一山"的美誉。同时,湖州市是沪宁杭金三角的地理中心,地理位置优越、历史文化绵长悠久,这些有利的区位因素一起发挥作用,助推莫干山旅游业和乡村民宿得到更好更快的发展。

(二)发展历程

莫干山是国内较早开始发展民宿的地区,整个民宿的发展历经了四个阶段。

第一阶段是为点状发展阶段,由于莫干山优美的自然风光,从2003年起,来莫干山旅游的人数逐年增加,2003年后坞村建成能够到达天泉山的道路,为进入天泉山山林提供了便利,提高了后坞村村民的经济收益,后坞村也随之发展,主要是为来访的游客提供一些餐食,并由此发展成农家乐,并迅速发展成为农家乐集聚区,后坞村的率先发展可以看作是莫干山区域民宿旅游业发展的起点。2007年一名南非商人来莫干山旅游,莫干山独特的自然风光和悠久的人文历史深深地吸引了这名南非商人。他和妻子发现当地的部分闲置民居很有改造空间,于是就租下三九坞8栋老房子,经过一番改造加工,创立了莫干山第一个民宿品牌——裸心谷民宿,莫干山的民宿发展由此拉开序幕[11]。

第二阶段为三足鼎立阶段,随着裸心谷民宿的成功创办,越来越多的品牌来到莫干山投资民宿建设。2011年开始,由于政府的支持,莫干山旅游发展越来越朝着规范化发展,莫干山的民宿也搭上了这列快车得到了快速发展,莫干山的各种住宿形式都得到了发展机会。此时的莫干山形成以"后坞—仙潭—劳岭"三足鼎立的民宿空间分布格局。

第三阶段为集聚区产生阶段,德清县在2014年开始使用民宿这个概念,出台了《德清县民宿管理办法(试行)》,德清县民宿的发展开始逐渐扩散,形成了四个区域两个核心的民宿发展区,首先是以后坞村为一级核心区,其次仙潭、劳岭、兰树坑为二级核心区。

第四阶段为民宿均衡发展阶段,莫干山区域民宿数量增加,密度增加,由集聚区向强烈集聚区发展,形成以"后坞—仙潭—燎原—劳岭—兰树坑"为中心的环莫干山面状核心集聚区,并在莫干山镇周围形成了多处点状集聚的民宿区集核区。

表6-5　莫干山乡村民宿旅游发展历程

发展阶段	时间	发展特色	典型代表
点状发展阶段	2003—2007年	外国人开始建设民宿	裸心谷
三足鼎立阶段	2011—2013年	民宿类型多样化	莫梵
集聚区产生阶段	2014—2017年	民宿区域分散形成	莫干山 Anadu
均衡发展阶段	2017年至今	形成民宿集聚区	后坞—仙潭—燎原—劳岭—兰树坑

二、主要产品

(一)外国投资者建设的民宿

第一种类型是由外国的投资者,来自南非和法国等国家,以及本地投资者投资建设的各种度假型别墅、休闲农庄等,这类民宿多被称为"洋家乐",这种类型的民宿由于投资者多来自国外,借鉴国外的建设经验,资本雄厚,所以规模较大,经营模式学习国外,比较先进,在早期莫干山民宿发展过程中占主导地位,莫干山"洋家乐"成为"中国民宿的新样本"[12]。主要的民宿有裸心谷和法国山居,裸心谷是南非人高天成和他妻子一起创办的,之所以称裸心,主要是源于人与自然和谐发展的理念,远离都市纷繁,放下心灵负担。在裸心谷,可以看到莫干山的美景,还可以感受到极度奢华的度假体验。法国山居是中国第一家法国乡村式酒店,装修风格典雅精致,是一个充满情怀的民宿品牌。

(二)本地居民经营的精品民宿

第二种为精品民宿,随着"洋家乐"品牌的成功发展,一些本地居民看到了商机,开始将自己的住宅改造成民宿,如大乐之野、清境原舍、莫干山居等一系列精品民宿。由于是本地居民经营,所以这种类型的民宿规模不大。

(三)周边投资者建设的民宿

第三种主要是周边地区的外来投资者来此投资建设的民宿,比如上海杭州等周边发达地区的一些创业者,他们敢于借鉴国外的经验,开发具有莫干山特色的民宿。

三、成功经验

(一)依托丰富的自然和人文资源

莫干山是国家 4A 级旅游景区、国家级风景名胜区、国家森林公园,莫干山的生态环境非常好,整个区域的绿化覆盖率高达 95%,因此莫干山的负氧离子是城市的 10 多倍,许多居住在城市中的人为了呼吸到更加清洁的空气,纷纷来到莫干山开展洗肺健身游。同时,莫干山的春夏两季非常适合旅游,春季百花盛开,满山翠绿,风景十分优美,很多游客来此赏花、赏竹、赏云海。莫干山夏季非常适合避暑旅游,早在 20 世纪初,莫干山就与鸡公山、北戴河、庐山齐名,被称为全国四大避暑胜地。莫干山夏季很有特色,平均气温只有 24 度左右,特别凉爽,早晚的气温甚至会更低。莫干山属于亚热带季风气候,全年降水量较充足,这些先天的自然资源优势和地形优势为莫干山造就了优越的自然环境,植物资源丰富,景观优美。莫干山不仅自然资源丰富,同时有着丰富多彩的人文历史,可以追溯到春秋时期,铸剑师干将和镆铘在此铸成雌雄双剑,莫干山由此得名。后来,众多名人在莫干山留下诗文、碑刻,清末民初兴建的数百幢别墅,掩映在满山竹海之中,非常清幽,这些别墅分别代表了不同国家的不同建筑风格,几乎没有雷同的,被称为"世界建筑博物馆"。除了名人别墅,莫干山还有许多历史悠久的寺庙道观,如云岫寺、圆圣古寺、黄庙等。莫干山开发已久,自然资源和人文景观相辅相成,能为到访游客提供洗肺健身游、春季踏青游、盛夏避暑游等特色旅游。这些资源优势为莫干山的民宿发展提供了良好的依托,民宿的发展进一步助推莫干山的旅游业发展。

（二）利用沪宁杭"3 小时都市圈"的核心区位

莫干山坐落于浙江省北部的湖州市,距离上海、苏州、杭州三个经济发达城市的车程都在三小时之内,这三个城市的来访游客生活节奏快,工作压力大,暂时逃离城市生活、回归自然的愿望十分强烈[13]。大多数游客在莫干山游玩都会选择入住民宿,因此莫干山的民宿发展拥有具有丰富的客源市场和广阔的市场发展前景。同时,这三个地方的游客收入水平较高,有能力支付民宿的费用。莫干山的区位优势不仅让莫干山民宿发展得到丰富的客源,并且来访游客质量较高,消费水平也较高,有利于促进莫干山民宿的高质量发展。到莫干山的游客大多会选择自驾游,首先是德清的外部交通非常便利,北部与上海、南京、安徽通过 318 国道相连,南部通过 104 国道与杭州相连,同时与 320 国道相连通。便利的道路交通条件为来访的自驾游客提供了巨大便利。其次,德清的内部交通也十分便利,德清目前有两个火车站和一个汽车站,杭州到德清坐火车只需要 2 个小时不到,乘坐高铁甚至只需要 13 分钟;从上海到德清乘坐高铁也只需要不到 2 小时,便利的内部交通为非自驾的游客也提供了便利,提高了德清的可进入性。便利的交通是莫干山民宿能够吸引游客的又一大优势。

（三）把握乡村旅游的发展机遇

乡村旅游是以旅游度假为宗旨,以村庄野外为空间,以人文无干扰、生态无破坏、以游居和野行为特色的村野旅游形式。现代社会的快速发展,现代都市文明渐渐取代了农耕文明,人们的生活节奏越来越快,身体上的压力,精神上的压抑让人们迫切想要返璞归真,在大自然中放松身心,莫干山靠近上海、杭州、南京这些大都市,都市的人们在现代社会的重压下开始渴望回归乡野田园的宁静和平实,而莫干山刚好做好了所有准备在等待着游客的到来。莫干山的乡村旅游始于 2005 年,莫干山率先在浙江省实施生态补偿机制,开始实施"生态立镇、旅游强镇"发展战略,利用莫干山丰富的自然和人文资源,集中力量支持民宿发展,并同时开展采摘农业、养生农业、户外休闲运动等产业,莫干山逐步成了多种民宿品牌共生发展、乡村旅游蒸蒸日上的综合旅游目的地,越来越成为海内外知名的国际乡村旅游度假目的地。为了更好地利用乡村闲置资源发展乡村旅游,莫干山探索出了乡村旅游发展新模式,为民宿发展提供了新的机遇,提升了民宿品质。莫干山在乡村旅游浪潮的推动下,没有将民宿发展成为市场上的大多数,而是立足于莫干山的资源优势,让民宿发展呈现出少数化特征。莫干山的民宿发展既有巨大的城市需求,又有丰富的乡土资源作为依托,彰显出了强大的发展潜力。莫干山上曾经被闲置的农房,现在每栋 30 年的租金高达 100 万元。民宿发展而带来的衍生效果,促使民宿配套产业、村民出租农房和流转土地等形式不断得到发展,让原本就存在潜在价值的资产变成了可以获利的现实的资产。仅莫干山一带 60 多家洋家乐,带动的农民房屋出租收入、流转土地收入等财产性收入超过 1.83 亿元。在如此形势下,莫干山民宿越来越被当地人所认同,越来越促进当地的发展,从民宿的发展方向可以看出莫干山乡村旅游的发展重点,民宿可以说是莫干山旅游发展永久保持生命力的经济基础。

（四）借助当地政府的大力扶持

当地政府为了吸引年轻人返乡创业,促进产业发展和乡村振兴,为年轻人创业创造良好的环境,首先是落实各级创业奖励机制,通过奖励政策来引导年轻人。其次是鼓励当地的旅游企业加强对本地年轻人的录用和培养,将他们培养成能够促进当地发展的人才。最后,引导成立年轻人返乡创业组织,通过结对帮扶的形式促进年轻人返乡创业。政府除了对年轻人创业的支持外,还对民宿的规范化发展做了努力,2015 年5 月德清县以莫干山镇为样本,推出《德清县乡村民宿服务质量等级划分与评定》,这是我国首部县级乡村民宿地方标准规范,规范按照民宿的软件和硬件设施进行评分,将民宿划分为标准民宿、优品民宿和精品民宿,对于提高莫干山民宿的标准化和规范化有着重要的作用。2016年该标准被国家列入城乡统筹国家标准制定项目,德清民宿标准正式被确立为国家标准。同时,设立了乡村旅游专项资金,加大对乡村旅游的建设投入,在旅游各方面累计投入资金达10.09亿元,拥有了足够的资金,莫干山民宿的发展才能有源源不断的动力。莫干山在政府对于乡村旅游的支持中,收获了促进发展的年轻后备力量,民宿发展也有了质量标准和充足的资金支持,必然会在这样有利的环境条件下发展得越来越好。

本章参考文献

[1] 贺小荣. 我国乡村旅游的起源、现状及其发展趋势探讨[J]. 北京第二外国语学院学报, 2001(1): 90-94.

[2] 王琼英, 冯学钢. 乡村旅游研究综述[J]. 北京第二外国语学院学报, 2006(1): 115-120.

[3] 魏勤. 乡村旅游综合体模式研究[D]. 成都: 西华大学, 2017.

[4] 牛泰然. 全域旅游背景下乡村旅游产品发展研究[D]. 曲阜: 曲阜师范大学, 2019.

[5] 李艳波. 创意农业的基本模式与发展策略[C]. 两岸创意经济研究报告(2018). 2018.

[6] 丁国琴, 谢萍. 三圣花乡发展历程与持续发展对策研究[J]. 风景名胜, 2019(11): 215+217.

[7] 张琳. 张琳. 旅游视角下的乡村景观特征及规划思考——以云南元阳阿者科村为例[J]. 风景园林, 2017(5): 87-93.

[8] 付正汇, 程海帆. 传统村落文化空间及其保护初探——以红河哈尼梯田遗产区阿者科村为例[C]. 中国民族建筑研究会第二十届学术年会论文特辑(2017), 2017: 38-44.

[9] 余媛媛, 何顺超. 乡村旅游发展中文化资源传承创新的路径研究——以哈尼梯田阿者科村为例[J]. 百色学院学报, 2022, 35(1): 105-111.

[10] 周恒丽. 旅游减贫理论下哈尼民族遗产区乡村旅游的实践效应研究——以元阳县阿者科村为例[J]. 山西农经, 2021(15): 94-95.

[11] 杨海静, 杨力郡. 产业集群视角下莫干山民宿区域品牌发展战略 [J]. 台湾农业探索, 2019（2）: 17-22.

[12] 汪骞, 魏子皓, 徐登峰, 等. 供给侧改革背景下的民宿发展对策研究——以浙江德清莫干山为例 [J]. 山西农经, 2018（13）: 119-120.

[13] 沈琛杰. 莫干山民宿业发展对策研究 [D]. 杭州: 浙江工业大学, 2019.